To My Children:

Since I was a little girl, I have always been intrigued by the kitchen, so this book is a lifelong goal and project that is so close to my heart and came to life because of endless moments shared with my kids at home. Trial and error to be honest, with my harshest and most honest critics, but at the same time my biggest supporters, no matter what! My 1 heart beats for 5 hearts and is divided equally into 5 pieces!

"Just add Love" is dedicated to the 5 loves of my life, my everything, my world, and my reason for being. May this book always inspire you to cook, to eat healthy

and JUST ADD *love!*

I love you unconditionally and forever!

Your

Super
Mom

Da wir zu Hause viel Englisch sprechen, ist auch diese Widmung auf Englisch. Ich hoffe, ihr habt dafür Verständnis, liebe Leserinnen und Leser!

JUST ADD *love*

Try it

All about a mom of 5

Hier sind die Fakten: Ich bin 36 Jahre alt und stolze Mutter von fünf wunderbaren Kindern. Die Sorge um die Gesundheit meiner Familie ist zum Eckpfeiler meines Lebens geworden. Deshalb haben eine ausgewogene Ernährung und Bewegung bei uns zu Hause einen sehr hohen Stellenwert.

Vielen fällt es schwer zu glauben, dass ich fünf Kinder habe. Die Leute fragen mich, ob ich die Nanny bin oder ob ich adoptiert habe. Sie wundern sich, warum ich so schlank bin, wo es doch oft schon nach einem Kind große Mühe macht, seine alte Figur wiederzubekommen.

Die Antwort ist: Ich habe seit jeher darauf geachtet, was ich esse. Disziplin und hartes Training haben mir geholfen, nach meinen Schwangerschaften schnell zu meinem Ausgangsgewicht zurückzufinden. Na gut, und eine Reihe anständiger Gene, dem Himmel sei Dank! Das bedeutet nicht, dass ich alles essen kann, was ich will, aber auch nicht, dass ich auf Dauerdiät bin oder mir die unzähligen kulinarischen Angebote der Welt entgehen lasse. Was bitte wäre ein Leben ohne Pizza oder ein gelegentliches Glas Wein am Abend? Durch den Leistungssport Tennis habe ich schon früh gelernt, dass es einfach immer auf eine gute Balance ankommt – sowohl beim Essen als auch bei der gesamten Organisation des Alltags. Zeitmanagement ist der Schlüssel zu einem möglichst stressfreien und glücklichen Familienleben.

Ich hoffe, dass dieses Buch einen Einblick geben kann, wie ich diese Balance in meinem Leben erreicht habe. Ganz ehrlich – auch ich fühle mich manchmal unter den riesigen Bergen an Wäsche begraben oder verliere nach dem 50. Windelwechseln am Tag den Überblick. Was mir da hilft, ist eine gute Planung. Ich betrachte mich gerne als Inhaberin und Geschäftsführerin meiner eigenen Glücklich-Firma. Auch wenn bei mir bestimmt nicht immer alles auf Anhieb geklappt hat – vielleicht können meine Erfahrungen dir ja helfen, ein paar knifflige Situationen in deinem Famlienleben zu meistern und herauszufinden, was für dich am besten funktioniert.

Dass ich Mutter von fünf Kindern bin, ist ein großer Segen für mich: Ich habe zwei Paar tolle Zwillingsjungen und ein wunderbares Mädchen, meine weibliche Unterstützung in der Familie. Dass ich ein zweites Mal Zwillinge bekomme, konnte weder mein Gynäkologe mit 40 Jahren Berufserfahrung noch ich selbst am Anfang fassen. Ich habe bisher niemanden getroffen, der dieses Schicksal mit mir teilt. Surreal! Aber was soll ich sagen – ich habe mir immer viele Kinder gewünscht und ich habe sie bekommen. Hand aufs Herz, es ist eine Herausforderung und letztlich ein Vollzeitjob (neben meinen anderen Vollzeitjobs). Meine Mutter sagt immer: »Du bekommst, was du verdienst und womit du umgehen kannst!« So »süß« ist meine Mutter … Das lässt mich wirklich darüber nachdenken, was ich ihr als Kind angetan habe. Vielleicht sollte ich diese Gelegenheit nutzen, um mich offiziell und aufrichtig bei dir, Mama, für alle Dummheiten, die ich als Teenager begangen habe, zu entschuldigen. Sei dir gewiss, ich werde es fünffach zurückbekommen. Aber Spaß beiseite, ich möchte es nicht anders haben!

Mit Kindern ändert sich alles, angefangen bei der äußerlichen Erscheinung. Natürlich hat auch mein Körper durch die Schwangerschaften gelitten. Aber ich schäme mich nicht für meine Narben oder Dehnungsstreifen, von den Brüsten nach dem Stillen ganz zu schweigen. Manchmal werde ich nostalgisch und träume von dem Körper, den ich vor meinen Kindern hatte. Doch eine makellose Bikinifigur ist niemals so viel wert wie das Kinderlächeln, das ich jeden Tag bekomme. Alle Veränderungen sind Teil einer großen, aufregenden Reise – mit einer enormen Verantwortung und vielen Ängsten. Vorbei sind die Tage, an denen ich bis zum Morgengrauen durchtanzen und unbeschwert ausschlafen konnte. Mein soziales Leben dreht sich heute um das soziale Leben meiner Kinder. Ehrlich gesagt haben sie mehr Freunde als ich. Aber weißt du was? Das ist total in Ordnung.

Ja, meine Welt ist verrückt und ich würde sogar sagen, sie grenzt manchmal an Wahnsinn. Doch ich möchte sie gegen nichts eintauschen.

Die Kinder regieren mein Leben und ich bin stolz darauf, dass ich trotz dieser 180-Grad-Wende meinen Werten und meiner Moral treu geblieben bin. Außerdem schätze ich heute so viele Dinge, die ich früher für selbstverständlich hielt. Und ich verstehe jetzt, wenn Menschen sagen: »Genieß es, die Zeit geht so schnell vorüber!«

Viele denken, bei mir ist alles perfekt – auf den folgenden Seiten möchte ich dir zeigen, dass auch ich nur eine normale Mutter bin, die wie jede andere Mama auch im täglichen Tun ums Überleben kämpft. Die Ratschläge und Erfahrungen, die ich über die Jahre gesammelt habe, sind inzwischen wie ein Rettungsanker für mich. Ich hoffe, dass sie auch dasselbe für dich sein können. Fünf Kinder zu haben, meine Karriere zu managen, die perfekte Ehefrau sein zu wollen und mich gleichzeitig nicht zu verlieren – da tat und tut mir der Sport immer gut, aber ich brauchte auch noch etwas Beruhigendes, etwas Meditatives nur für mich, bei dem ich meine Kreativität ausleben kann. So kam ich zum Kochen. Ich habe quasi die kurzen Tops gegen Ofenhandschuhe getauscht.

Vielleicht hätte ich mir denken können, dass ich irgendwann in der Küche lande, schließlich bin ich Tochter einer Italienerin. Kochen wurde Teil meines Alltags, etwas, was eine ganz besondere Wirkung auf mich hat. Ich bin keine ausgebildete Köchin. Aber ich liebe es, diejenigen zu bekochen, die ich liebe. Die Rezepte in diesem Buch habe ich mit viel Sorgfalt zusammengestellt. Sie sind erprobt und mussten sich auch in stressigen Zeiten bewähren. Sie sollen der ganzen Familie schmecken und die Kleinsten mit allem versorgen, was sie brauchen, um groß und stark zu werden.

Mehr dazu findest du auch auf meinem Blog unter:

www.allaboutamomof5.com

Just add Love and cook away!

ALESSANDRAS FAMILIENREZEPTE

Viele Ratschläge, die ich im Laufe der Jahre eingesammelt habe, halten mich als eine Art Rettungsweste über Wasser. Ich hoffe, die Tipps auf den folgenden Seiten werden das Gleiche für dich tun und dir zeigen, wie du mit einem genauen Zeitplan, konsequenter Routine, ausgewogener Ernährung und Sport zu einer gesunden Life Balance für dich selbst und deine ganze Familie gelangen kannst.

ROUTINE UND KONSEQUENZ – DER SCHLÜSSEL ZUM ERFOLG

Wenn man Mama wird, kreisen die Gedanken meist um zwei wesentliche Dinge – Nahrungsaufnahme und Schlaf. Und in den nächsten Monaten oder sogar Jahren wird sich daran auch kaum etwas ändern.

Ich hatte das große Glück, dass alle meine fünf Kinder von Anfang an mit guten Schlaf- und Essgewohnheiten gesegnet waren. Zuerst dachte ich an Zufall, aber irgendwann, spätestens bei Kind 4 und 5, ist mir klar geworden, was das tatsächliche Geheimnis sein muss: nämlich eine strikte Routine und Konsequenz, ein regelmäßiger Ablauf der Mahl- und Schlafenszeiten. Jeden Tag nehmen wir zur etwa gleichen Zeit unser Frühstück, Mittag- und Abendessen ein. Zwischendurch gibt es einen kleinen Snack am Vormittag und einen kleinen Snack am Nachmittag. Abends gehen meine Kinder immer und immer wieder zur gleichen Uhrzeit ins Bett.

ICH SELBST KANNTE ES IN MEINER KINDHEIT NICHT ANDERS

Ich bin als passionierte Tennisspielerin an der Nick Bollettieri Tennis Academy in Bradenton, Florida, aufgewachsen. Dort hatten wir einen geregelten und durchgetakteten Tagesablauf mit mehrfachem täglichem Training und gemeinsamen ausgewogenen Mahlzeiten. Diese Erfahrungen hatten eine solch nachhaltige Wirkung auf mich, dass ich mein Leben auch später nicht ohne Sport, eine feste Struktur und eine gesunde Ernährung gestalten wollte. Wann immer es mein Tagesplan zulässt, nehme ich mir Zeit für Yoga, Workouts, Joggen oder Tanzen. Bewegung hilft mir, Kraft zu tanken und mich fit und gesund zu fühlen. Das Bewusstsein, etwas Gutes für mich und meinen Körper getan zu haben, ist einfach unbezahlbar. Diese Haltung gebe ich heute an meine Kinder weiter und versuche ihnen hier ein gutes Vorbild zu sein. Regelmäßiger Sport, wiederkehrende Rituale und eine konsequente Routine beim Essen und Schlafen von klein auf sind so bedeutsam für die gesunde Entwicklung von Kindern.

FINDE EINEN AUSGLEICH

Nur mit einem konstanten Tagesablauf schaffe ich es, mir meine regelmäßigen »Mami-Auszeiten« zu nehmen – es ist so wichtig, dass du dich selbst nicht vergisst und auch mal etwas für dich tust, bei all dem Streben danach, eine perfekte Mutter und perfekte Ehefrau zu sein und gleichzeitig auch noch Karriere zu machen. Ich weiß, dass es nicht immer einfach ist, neben einem langen Arbeitstag, Pflichten im Haushalt, Kindergarten, Schule und Hobbys einen festen Zeitplan einzuhalten. Aber mach es trotzdem zu deiner obersten Priorität.

BLEIB DABEI GELASSEN

Versuche alle Rituale rund ums Essen und Schlafen immer ohne Druck und mit ganz viel Geduld anzugehen, sodass deine Kinder mit den Mahlzeiten und dem Zubettgehen nur Positives verbinden. Genießt und nutzt die gemeinsam verbrachte Zeit, um euch auszutauschen und auf dem Laufenden zu halten. Und selbst wenn du mal nicht da bist, achte darauf, dass der Tagesablauf deiner Kinder davon nicht beeinträchtigt wird und ihre Ess- und Schlafenszeiten gleich bleiben.

GLAUB MIR, DEINE KINDER WERDEN ES DIR SPÄTER DANKEN

Irgendwann sind ihre inneren Uhren so vorprogrammiert, dass sie diese festen Zeiten ganz von selbst einfordern werden. Denn sie geben ihnen Halt und Sicherheit. Deine Kinder wissen dann von allein, wann der richtige Moment fürs Essen und Schlafen gekommen ist. Sie werden merken, wie gut ihnen diese Beständigkeit tut, und das auch im Hinblick auf ihr späteres Leben. Routine und Konsequenz, Pünktlichkeit und Pflichtbewusstsein werden sie in ihrer Schulzeit und im Beruf ständig begleiten. Wenn du ihnen diese Werte von Beginn an mit auf den Weg gibst, wird es ihnen in Zukunft viel leichter fallen, sie abzurufen.

WAS DU SELBST LERNEN KANNST

Nicht nur deine Kinder, auch dich selbst wird diese Haltung stärken. Zuverlässigkeit und Verantwortungsbewusstsein, ohne Wenn und Aber, werden zu einer Selbstverständlichkeit. Denn schaffst du es einmal nicht, dich an den Zeitplan zu halten, wirst du dir von deinen Kindern sofort jede Menge Beschwerden über knurrende Mägen und Müdigkeit anhören müssen, wollen wir wetten? Das ist vielleicht der einzige kleine Haken an der Sache, ansonsten werden hiervon alle deine Familienmitglieder mehr als profitieren – du selbst am allermeisten. Versprochen!

Om..
Mom Knows Best

»ES IST SO WICHTIG, DASS DU DICH SELBST NICHT VERGISST UND AUCH MAL ETWAS FÜR DICH TUST ...«

LOCKER BLEIBEN BEIM WÄHLERISCHEN ESSER

Meine Mutter hat mir schon oft die Geschichte erzählt, wie ich sie als Baby an den Rand der Verzweiflung gebracht habe. Es gab nämlich eine Phase, in der ich ausschließlich Spinat essen wollte und jedes andere Lebensmittel strikt verweigerte.

Nachdem alle Bemühungen, mir weitere Speisen anzubieten, fehlgeschlagen waren, brachte mich meine Mutter frustriert, ratlos und in großer Sorge zum Arzt. Der Arzt untersuchte mich und fragte schließlich, ob meine Mutter jemals von einem Kind gehört habe, das an zu hohem Spinatkonsum gestorben sei. Sie verneinte und der Arzt riet ihr, mir einfach weiter Spinat zu geben, bis ich die grünen Blätter satt hätte. Gleichzeitig sollte sie mir aber auch andere Gerichte vorsetzen – doch völlig ohne Druck. Und

weißt du, was passierte? Meine Spinatphase endete von ganz allein. Sobald die Verbissenheit weg war und meine Mutter sich nicht mehr auf das Negative an meinen Essgewohnheiten versteifte, fing ich prompt an, mich für neue Speisen zu öffnen.

KINDER DURCHLAUFEN VERSCHIEDENE PHASEN UND PROBIEREN SICH STÄNDIG NEU AUS

Es wird immer Zeiten geben, in denen deine Kinder manche Dinge lieber essen als andere. Wichtig ist auch hier, beharrlich und konsequent zu bleiben. Biete einfach weiterhin eine Vielzahl an Lebensmitteln an, aber übe dabei niemals Zwang aus. Wenn der erste Versuch mit Brokkoli nicht gut läuft, probiere es erneut. Und dann noch mal und noch mal. Und bleibe gelassen dabei, schenke dem wählerischen Essverhalten möglichst keinerlei Beachtung, auch wenn es dich bestimmt verrückt macht und innerlich auf die Palme treibt.

BEZIEH DEINE KINDER MIT EIN

Damit es erst gar nicht zu einem mäkeligen Essverhalten deiner Kinder kommt, lass sie von Beginn an am Kochprozess teilhaben. Das fängt bei der Vorbereitung und Planung an. Nimm deine Kinder mit zum Einkaufen in den Supermarkt, wecke ihre Neugier auf die unterschiedlichen Lebensmittel und ermutige sie dazu, Fragen zu stellen. Lass sie spielerisch Neues probieren und mache alles rund ums Thema Essen zu einem positiven Erlebnis. Vermittle ihnen, was gesunde Ernährung ist, sodass sie irgendwann von selbst erkennen, was dem Körper gut tut. Zeig ihnen aber auch, dass es total in Ordnung ist, mal ein Stück Kuchen zu genießen. Kinder sollten sich niemals schuldig fühlen beim Essen, sondern lernen, dass alles eine Frage der richtigen Balance ist. Lass sie auch in der Küche mithelfen. Sind deine Kinder noch zu klein zum Gemüseschnippeln, können sie vielleicht schon den Tisch decken. Kochen und Essen sollen keine lästige Pflicht sein, sondern Spaß machen.

WIE DU MACHTKÄMPFE VERMEIDEST

Gibt es in deiner Familie einen wählerischen Esser, solltest du die folgenden Leitsätze verinnerlichen, um ihm zu helfen, zu einer ausgewogenen Ernährung zurückzufinden.

GIB DEIN BESTES, NICHT FRUSTRIERT ZU SEIN!

Gelassenheit ist einer der Schlüssel zum Erfolg. Eine kurze Sicherung ist selten eine Lösung – auch nicht, wenn du etwas an den Essgewohnheiten deines Kindes ändern möchtest. Also atme tief durch und hab Geduld.

IMMER LOCKER BLEIBEN!

Versuche, die Dinge nicht noch schlimmer zu machen, indem du einem wählerischen Essverhalten mehr Bedeutung gibst, als es wirklich verdient. Denk immer daran: Familienessen macht Spaß.

ROUTINE IST ALLES!

Ein guter Zeitplan und regelmäßige gemeinsame Mahlzeiten helfen, das Verlangen nach Süßem und anderen ungesunden Lebensmitteln zu minimieren.

BEZIEH DIE GESCHWISTER MIT EIN!

Gibt es ältere Geschwister in deiner Familie, lass sie eine Vorbildfunktion einnehmen, wenn es darum geht, neue Lebensmittel zu probieren. In der Regel werden ihnen die Kleineren nacheifern.

BLEIB STARK!

Mach dir keine Sorgen, wenn ein Essen auch mal komplett abgelehnt wird. Dein Kind wird ganz bestimmt nicht verhungern und dafür bei der nächsten Mahlzeit umso mehr zuschlagen. Bei Verweigerung eine Alternative anzubieten ist absolut nicht hilfreich.

ZEITMANAGEMENT

Das Erste, was du als Mama lernst, ist, dass Zeit ein sehr knappes Gut ist. Der Tag hat nie genug Stunden, um all die Dinge zu erledigen, die du dir vorgenommen hast.

Auch was das Kochen angeht, solltest du dir nicht zu viel aufhalsen, damit du das Essen stressfrei und pünktlich auf den Tisch bekommst. Meine Wahl fällt deshalb an normalen Wochentagen auf einfache Rezepte, die in 20–25 Minuten fertig sind. Dabei verwende ich möglichst nur Zutaten, die ich sowieso zu Hause habe, damit ich nicht extra zum Einkaufen muss. Und wann immer es geht, koche ich im Voraus. Dann kann der folgende Tag etwas entspannter ablaufen. Außerdem habe ich mir angewöhnt, von manchen Gerichten gleich größere Mengen zuzubereiten und diese portionsweise einzufrieren. So habe ich immer einen Backup-Plan, wenn es mal eng wird.

WÖCHENTLICHER SPEISEPLAN

Die Mahlzeiten für die nächste Woche im Voraus zu planen hat viele Vorteile. Zum einen hilft es dir, Zeit zu sparen, weil du nicht jeden Tag neu überlegen musst, was du heute kochst. Zum anderen kannst du auch Geld sparen, indem du mit einem gut durchdachten Einkaufszettel – und nicht auf die Schnelle mit leerem Magen – in den Supermarkt gehst. Ein genauer Plan hilft, nur die Dinge zu kaufen, die du wirklich benötigst und verarbeiten kannst. Zudem kochst du mit einem wöchentlichen Speiseplan vielfältiger und ausgewogener. Du hast einen Überblick über die Varianz der Lebensmittel, die du zubereitest. Und dir fällt es leichter, Wiederholungen zu vermeiden. Ein Wochenplan nimmt dir den Druck, spontane Entscheidungen treffen zu müssen, und lässt dich kreativer und entspannter werden. Dazu können sich deine Kinder auf die Mahlzeiten freuen und vielleicht den einen oder anderen Wunsch einfließen lassen. Für den Fall, dass du genauso neugierig bist wie ich: Auf S. 186 erfährst du, wie mein persönlicher Wochenplan aussehen könnte.

TÄGLICHER ZEITPLAN

Regelmäßig zu bestimmten Zeiten zu essen ist mir und meiner Familie extrem wichtig. Kinder brauchen spätestens alle drei bis vier Stunden eine gesunde Mahlzeit, damit ihr Verdauungssystem am Laufen bleibt und kleine Durchhänger gar nicht erst entstehen. Das konstante Auftanken hilft ihnen dabei, an langen Schultagen konzentriert und ausgeglichen und bei sportlichen Aktivitäten stark und fit zu bleiben.

Unser täglicher Essensplan

7:00–8:00 UHR – FRÜHSTÜCK

Nach einer ca. 12-stündigen »Fastenzeit« sollte die wichtigste Mahlzeit des Tages innerhalb der ersten Stunde nach dem Aufwachen eingenommen werden. Die leeren Mägen brauchen dann dringend Energie für einen guten Start in den Tag. Ich halte unser Frühstück am liebsten proteinreich und zuckerarm. Joghurt mit frischen Früchten, Overnight Oats, Omelett oder Vollkorn-Avocado-Toast sind eine gute Wahl.

10 UHR – SNACK AM VORMITTAG

Etwa 2 ½ Stunden nach dem Frühstück nehmen wir einen leichten, gesunden Snack ein, um den Stoffwechsel in Gang zu halten und Tiefpunkte zu vermeiden. Meine Kinder sind dann meistens schon am Verhungern und fordern die kleine Zwischenmahlzeit geradezu ein – z. B. Apfel-Möhren-Zucchini-Muffins, Bananenbrot oder einen Beeren-Smoothie.

12 UHR – MITTAGESSEN

4–5 Stunden nach dem Frühstück ist die perfekte Zeit fürs Mittagessen gekommen. Diese Mahlzeit solltest du niemals überspringen, sonst werden sich deine Kinder (und damit auch du selber) bis zum Nachmittag wie Zombies fühlen. Ein gutes Mittagessen besteht aus einer Kombination aus Eiweiß, Gemüse und gesunden Kohlenhydraten.

15 UHR – SNACK AM NACHMITTAG

Einen kleinen Nachmittagssnack gönnen wir uns ca. 3 Stunden nach dem Mittagessen. Das ist der Zeitpunkt, an dem meine zweijährigen Zwillinge aus ihrem Mittagsschlaf erwachen. Mein Ziel ist es nicht, ihren Hunger vollständig zu stillen, sondern sie bis zum Abendessen gut durchhalten zu lassen.

18:30–19 UHR – ABENDESSEN

Die beste Zeit für die letzte Mahlzeit des Tages ist etwa 2 Stunden vor dem Schlafengehen. Das Abendessen sollte möglichst zucker- und damit kohlenhydratarm ausfallen, damit der Insulinspiegel nicht zu stark ansteigt. So können die Kinder viel leichter ein- und durchschlafen.

AUF DIE QUALITÄT KOMMT'S AN

Alle Eltern wollen für ihr Kind eigentlich nur eins: dass es glücklich, gesund und fröhlich durchs Leben geht.

WARUM BIO?

Für eine gesunde Entwicklung ist eine ausgewogene Ernährung maßgebend, sie legt hierfür den Grundstein. Denn nicht umsonst heißt es: »Du bist, was du isst.« Dabei spielt auch die Qualität der Nahrungsmittel eine überaus entscheidende Rolle, denn die kann man nicht nur schmecken. Qualitativ hochwertige, nachhaltig produzierte Lebensmittel schützen nicht nur die Umwelt, sie haben auch viele Vorteile für unsere Gesundheit, da sie frei von Pestiziden und Chemikalien sind. Deshalb fällt meine Wahl beim Einkaufen, wann immer es möglich ist, auf Bio-Produkte und Lebensmittel aus der Region, die keine langen Transportwege hinter sich haben, auch wenn sie etwas teurer sind. Dies gilt übrigens auch für alle Superfoods wie Goji-Beeren oder Spirulina-Pulver. Achte hierbei unbedingt auf eine sichere Herkunft, um auszuschließen, dass diese Produkte zu stark belastet sind. Die Investition lohnt sich!

FLEISCH

Mit der bewussten Entscheidung für Bio-Lebensmittel tut man nicht nur sich selbst und seiner ganzen Familie, sondern auch der Umwelt einen riesigen Gefallen. Insbesondere bei tierischen Produkten sollte man auf Bio-Qualität achten. Im Gegensatz zur Massentierhaltung werden bei der biologischen Landwirtschaft die Tiere artgerecht und unter klimaschonenden Aspekten gehalten. Auch das Futter obliegt strengen Auflagen, Gentechnik und die Verabreichung von vorbeugenden Antibiotika sind strengstens verboten. Nur bei Bio-Fleisch kann man also sicher sein, dass es frei von Rückständen wie künstlichem Dünger oder Medikamenten ist.

FISCH

Beim Einkauf von Fisch sollte man unbedingt darauf achten, dass er nachhaltig gefangen wurde und nicht zu den bedrohten Arten zählt. Auskunft darüber, welchen Fisch du bedenkenlos kaufen und verzehren kannst, geben WWF und Greenpeace. Im Supermarkt solltest du sicherstellen, dass ein MSC-Siegel (»Marine Stewardship Council«) vorhanden ist, das für eine zertifizierte und nachhaltige Fischerei steht.

EIER

Auch beim Kauf und Verzehr von Eiern bringt die Entscheidung für Bio viele Vorteile mit sich. Du unterstützt so nicht nur die wesentlich tiergerechtere Haltung von Hühnern. Bio-Eier sind in der Regel auch gesünder und viel aromatischer, da sich die Legehennen aufgrund der Freilandhaltung abwechslungsreicher ernähren können. Und natürlich haben sie dadurch viel mehr Bewegungsfreiheit und ganz bestimmt ein glücklicheres Leben als ihre Artgenossen in Legebatterien.

GESUND UND LECKER

Eine gesunde Ernährung hat nichts mit Verzicht zu tun. Sie ist auch nicht gleichzusetzen mit einer Diät. Mir geht es bei meiner Art zu kochen nicht um Kalorieneinschränkung, sondern um die Verwendung guter, nährstoffreicher Zutaten, die eben nicht nur besonders bekömmlich sind, sondern auch richtig lecker schmecken.

SÜSSUNGSMITTEL, MEHLE UND PROTEINE

In meinen Rezepten wirst du statt raffiniertem Zucker viele natürliche Süßungsmittel wie Honig, Kokosblütenzucker oder Ahornsirup finden (siehe auch »Zucker vermeiden« auf S. 170). Zum Backen verwende ich anstelle von Weißmehl ballaststoffreichere Vollkorn-, Kokos- oder Nussmehle, die nicht nur gesünder sind, sondern auch länger satt halten. Außerdem kommen bei uns viele eiweißreiche Lebensmittel wie Eier, Hülsenfrüchte, Fisch, Fleisch und Geflügel auf den Tisch, die das Wachstum meiner Kinder optimal unterstützen. Auch Nüsse und Tofu sind reich an Proteinen und werden bei uns sehr gerne gegessen.

AUSGEWOGENHEIT ZÄHLT

Bei allen verwendeten Lebensmitteln gilt: Verwende sie in Maßen und möglichst abwechslungsreich, denn es kommt immer auf das richtige Zusammenspiel an. Das macht eine gesunde und ausgewogene Ernährung aus. Und achte immer auf eine gute Qualität und auch auf die Herkunft von Nahrungsmitteln. So weißt du sicher, dass alle deine Lieben bestmöglich versorgt werden.

MEINE VORRATSKAMMER

Ein gut organisierter Vorrat ist bei mir das A und O.
Er erspart mir unnötige Gänge zum Supermarkt und gibt mir die Möglichkeit, auch mal spontan was Leckeres in der Küche zu zaubern. Diese Lebensmittel sind bei mir zu Hause immer vorrätig:

KÜHLSCHRANK

- Butter (ersatzweise Ghee)
- Eier
- Käse
- Kokosjoghurt
- Nussdrink

GEFRIERFACH

- Brühe (Fleisch- und Gemüsebrühe)
- Lasagne
- Saucen (z. B. Bolognese)
- Suppen
- TK-Beeren
- TK-Mango

OBST UND GEMÜSE

- Äpfel
- Avocados
- Bananen
- Kartoffeln
- Knoblauch
- Limetten
- Möhren
- Sellerie
- Süßkartoffeln
- Tomaten
- Zitronen
- Zwiebeln (rote und weiße)

yum!

VORRATSSCHRANK

- Avocadoöl
- Basmatireis
- Cashewkerne
- Chia-Samen
- Hanfsamen
- Hülsenfrüchte (Kichererbsen, Linsen)
- Kokosöl
- Mandeln
- Olivenöl
- passierte Tomaten
- Quinoa
- Tomatenmark
- Vollkornnudeln (Farfalle oder Penne)
- Vollkornreis

SÜSSUNGSMITTEL

- Ahornsirup
- Honig
- Kokosblütenzucker

BACKWAREN

- Backpulver
- Buchweizenmehl
- Dinkelmehl
- gemahlene Mandeln
- Haferflocken
- Kakao-Nibs (roh)
- Kakaopulver (roh)
- Kichererbsenmehl
- Kokosmehl
- Maniokmehl
- Natron
- Pfeilwurzelmehl

GEWÜRZE

- Currypulver
- gemahlene Kurkuma
- gemahlene Nelken
- gemahlener Kreuzkümmel
- getrockneter Rosmarin
- getrockneter Thymian
- Himalaya-Salz
- Knoblauchpulver
- Muskatnuss
- Paprikapulver (edelsüß und scharf)
- Pfeffer (schwarz und weiß)
- Vanilleextrakt
- Zimtpulver

MEINE KÜCHENWERKZEUGE

Es gibt einige sinnvolle Helfer in der Küche, die dir die Arbeit beim Kochen wesentlich erleichtern. Natürlich gibt es auch jede Menge »Spaßgeräte«, die dir das Leben zwar vereinfachen können und bestimmt nett aussehen, die du aber nicht wirklich brauchst und die dir die meiste Zeit wahrscheinlich nur im Weg herumstehen werden. Also fangen wir lieber mit den Basics an – hier kommen meine persönlichen »Küchen-Must-Haves«:

FÜR MICH

- Bio-Duftkerze (gegen starke Küchengerüche)
- Gel-Maniküre (damit der Nagellack das Kochen überlebt)
- Salbei-Smudge-Stick oder Palo Santo (um den Raum zu reinigen)
- Schürze (damit ich nicht noch mehr Wäsche waschen muss)

ZUM BACKEN

- Backblech aus Edelstahl
- Backpapier
- Digitalwaage
- Kastenform (20 und 25 cm Länge)
- Keks-Ausstechförmchen
- Kuchenplatte
- Muffinform
- Muffin-Papierförmchen
- Nudelholz (z. B. aus Bambus)
- Springform (20 und 24 cm ∅)

ELEKTRISCHE GERÄTE

- Entsafter (optional)
- Handrührgerät
- Küchenmaschine (optional)
- Mixer
- Pürierstab

ZUM LAGERN

- Flaschen (in verschiedenen Größen)
- Gefrierbeutel (in verschiedenen Größen)
- Kunststoffboxen (in verschiedenen Größen)
- Schraubgläser (in verschiedenen Größen)

ALLGEMEINES

- Auflaufform
- Gusseisenpfanne
- Holzkochlöffel
- Kartoffelpresse (z. B. aus Edelstahl)
- Käsereibe
- Knoblauchpresse
- Kochtöpfe aus Edelstahl (in verschiedenen Größen)
- Messbecher
- Messer (in verschiedenen Größen)
- Passiertuch
- Pfanne mit Beschichtung
- Pfannenwender
- Rührbecher
- Rührschüsseln
- Schaumlöffel
- Schneebesen
- Schneidebretter (in verschiedenen Größen)
- Schöpfkelle
- Siebe (in verschiedenen Größen)
- Sparschäler
- Spritzbeutel
- Teigschaber aus Silikon
- Winkelpalette
- Zitruspresse

Lets cook

BASICS

Es ist äußerst praktisch und zeitsparend, eine bestimmte Grundlage an Lebensmitteln immer griffbereit zu haben. Wenn du diese Basics selbst herstellst, weißt du außerdem, welche Zutaten enthalten sind, und kannst sie ohne schlechtes Gewissen genießen. Grundsätzlich ist es immer gesünder, selbst zu kochen, als verarbeitete Zutaten aus dem Supermarkt zu verwenden. Dazu macht es jede Menge Spaß – also, los geht's!

MANDELDRINK

Selbst gemachter Nussdrink hat zahlreiche Vorteile. Da er ohne künstliche Zusätze auskommt, ist er besonders gesund und bekömmlich. Außerdem kann man ihn nach Belieben aromatisieren und die Zubereitung ist supereinfach.

10 Min. Zubereitung, 24 Std. Einweichen · Pro Portion ca. 90 kcal, 3 g E, 7 g F, 4 g KH
Vegan · Glutenfrei

FÜR 4 PERSONEN

- 500 g rohe Mandeln
- 1 TL Zimtpulver (optional)
- 1 TL Vanilleextrakt (optional)
- 1 EL Ahornsirup (ersatzweise Honig, optional)
- 1 EL Kakaopulver (roh, optional)

Außerdem

- leistungsstarker Mixer
- Passiertuch

Die Mandeln in ein verschließbares Gefäß geben und vollständig mit Wasser bedecken. Dann abgedeckt 24 Std. im Kühlschrank einweichen lassen.

Am nächsten Tag das Wasser abgießen, die Mandeln in einem Sieb gut abspülen und in einen Mixer geben. 1 l frisches Wasser zufügen und die Mandeln 1–2 Min. auf höchster Stufe pürieren, bis eine homogene Flüssigkeit entstanden ist. Den Mandeldrink nach Belieben mit Zimtpulver, Vanilleextrakt, Ahornsirup oder Kakao aromatisieren und erneut kurz durchmixen.

Anschließend ein Sieb mit dem Passiertuch auslegen. Das Sieb auf eine Schüssel setzen und den Mandeldrink durchgießen. Die Tuchenden zusammennehmen und sämtliche Flüssigkeit auspressen.

Den Mandeldrink in eine saubere Glasflasche füllen und gut verschlossen nicht länger als 3 Tage im Kühlschrank aufbewahren.

Tipp:

Mandeln können auch durch Cashewkerne ersetzt werden. Diese ebenfalls einweichen – so sind sie leichter verdaulich und lassen sich gut mixen – und wie beschrieben fortfahren.

CASHEW
KOKOS
MANDEL
HAFER

KOKOSMILCH

10 Min. Zubereitung · Pro Portion ca. 50 kcal, 1 g E, 4 g F, 4 g KH
Vegan · Glutenfrei

FÜR 4 PERSONEN

- 500 g Kokosraspel
- 1 TL Zimtpulver (optional)
- 1 TL Vanilleextrakt (optional)
- 1 EL Ahornsirup (ersatzweise Honig, optional)
- 1 EL Kakaopulver (roh, optional)

Außerdem

- leistungsstarker Mixer
- Passiertuch

Die Kokosraspel mit 1 l Wasser in den Mixer geben. Nach Belieben Zimtpulver, Vanilleextrakt, Ahornsirup oder Kakaopulver zufügen und alles 1–2 Min. auf höchster Stufe pürieren, bis eine homogene Flüssigkeit entstanden ist.

Anschließend ein Sieb mit dem Passiertuch auslegen. Das Sieb auf eine Schüssel setzen und die Kokosmilch durchgießen. Die Tuchenden zusammennehmen und sämtliche Flüssigkeit auspressen.

Die Kokosmilch in eine saubere Glasflasche füllen und gut verschlossen nicht länger als 3 Tage im Kühlschrank aufbewahren.

HAFERDRINK

10 Min. Zubereitung, 15 Min. Einweichen · Pro Portion ca. 110 kcal, 4 g E, 2 g F, 18 g KH
Vegan

FÜR 4 PERSONEN

- 500 g Haferflocken
- 1 TL Zimtpulver (optional)
- 1 TL Vanilleextrakt (optional)
- 1 EL Ahornsirup (ersatzweise Honig, optional)
- 1 EL Kakaopulver (roh, optional)

Außerdem

- leistungsstarker Mixer
- Passiertuch

Die Haferflocken in einer Schüssel mit Wasser bedecken und maximal 15 Min. einweichen. Haferflocken in ein Sieb abgießen, abspülen und mit 1 l frischem Wasser in den Mixer geben. Nach Belieben Zimt, Vanilleextrakt, Ahornsirup oder Kakao zufügen und alles 1–2 Min. auf höchster Stufe pürieren, bis eine homogene Flüssigkeit entstanden ist.

Anschließend ein Sieb mit dem Passiertuch auslegen und auf eine Schüssel setzen. Den Haferdrink durchgießen. Die Tuchenden zusammennehmen und sämtliche Flüssigkeit auspressen. Den Drink in eine saubere Glasflasche füllen und gut verschlossen nicht länger als 5 Tage im Kühlschrank aufbewahren.

Tipp:

Bei Glutenunverträglichkeit unbedingt darauf achten, auch glutenfreie Haferflocken zu verwenden!

MANDELMUS

20 Min. Zubereitung, 12 Min. Rösten · Pro Glas ca. 1.475 kcal, 55 g E, 135 g F, 13 g KH
Vegan · Glutenfrei

FÜR 1 GLAS (250 ML)

250 g rohe Mandeln
Himalaya-Salz (ersatzweise Salz)

Außerdem

leistungsstarker Mixer

Den Backofen auf 180° vorheizen. Ein Backblech mit Backpapier auslegen. Die Mandeln darauf verteilen und 10–12 Min. im heißen Ofen (Mitte) rösten.

Die Mandeln mit ¼ TL Salz in den Mixer geben und zunächst auf niedriger, dann 1–2 Min. auf hoher Stufe pürieren. Anschließend ein paar Min. pausieren. Diesen Mixvorgang so lange wiederholen, bis das Mandelmus eine cremige Konsistenz erreicht hat. Insgesamt kann die Herstellung 10–20 Min. dauern.

Das Mandelmus in ein sterilisiertes Schraubglas füllen und gut verschlossen nicht länger als 2 Wochen im Kühlschrank aufbewahren.

Tipp:

Für Erdnussmuss die Mandeln durch rohe Erdnusskerne ersetzen. Sei auch hier beim Mixen geduldig! Du kannst 1 TL Kokosöl zufügen, um den Mixprozess zu beschleunigen.

KOKOSMUS

10 Min. Zubereitung · Pro Glas ca. 1.515 kcal, 14 g E, 155 g F, 16 g KH
Vegan · Glutenfrei

FÜR 1 GLAS (250 ML)

250 g Kokosraspel

Außerdem

leistungsstarker Mixer

Die Kokosraspel in den Mixer geben und auf höchster Stufe pürieren, bis eine cremig-feste Konsistenz entstanden ist. Das kann je nach Stärke des Mixers ca. 10 Min. dauern.

Das Kokosmus in ein sterilisiertes Schraubglas füllen und gut verschlossen nicht länger als 2 Wochen im Kühlschrank aufbewahren.

Tipp:

Kokosmus stillt nicht nur Heißhunger auf Süßes, es eignet sich auch besonders gut für die Zubereitung von Nachspeisen und ist das perfekte Topping für Apfel-Donuts (siehe S. 83).

NUSS-SCHOKO-CREME

10 Min. Zubereitung, 10 Min. Rösten · Pro Glas ca. 3.090 kcal, 62 g E, 286 g F, 69 g KH
Vegan · Glutenfrei

FÜR 1 GROSSES GLAS (800 ML)

- 400 g Haselnusskerne
- 2 EL Kokosöl
- 5 EL Kakaopulver (roh)
- 250 ml Mandeldrink (selbst gemacht, siehe S. 24)
- 1 TL Vanilleextrakt
- 2 EL Ahornsirup
- Himalaya-Salz (ersatzweise Salz)

Außerdem

- leistungsstarker Mixer

Den Backofen auf 180° vorheizen. Ein Backblech mit Backpapier auslegen und die Haselnusskerne darauf verteilen. Das Blech in den heißen Ofen (Mitte) schieben und die Nüsse 10 Min. rösten. Anschließend kurz abkühlen lassen, dann die Nüsse zwischen den Handflächen hin und her reiben, bis sich zumindest ein Teil der Nusshaut löst.

Die Haselnüsse in den Mixer geben. Das Kokosöl zerlassen und ebenfalls in den Mixer geben. Kakaopulver, Mandeldrink, Vanilleextrakt, Ahornsirup und 1 Prise Salz zufügen und alles zu einer homogenen, cremigen Paste mixen.

Die Nuss-Schoko-Creme in ein sterilisiertes Schraubglas füllen und gut verschlossen nicht länger als 1 Woche im Kühlschrank aufbewahren.

Tipp:

Wer mag, ersetzt den Ahornsirup durch 3–4 entsteinte Datteln. Das bringt etwas mehr Süße und eine fruchtige Note ins Spiel.

HIMBEERMARMELADE

20 Min. Zubereitung · Pro Glas ca. 505 kcal, 17 g E, 10 g F, 68 g KH
Vegan · Glutenfrei

FÜR 1 GROSSES GLAS (900 ML)

- 1 kg Himbeeren (ersatzweise TK-Himbeeren)
- 2 EL Ahornsirup
- 1 Zimtstange
- ½ TL gemahlene Nelken
- 2 EL Chia-Samen

Die Himbeeren verlesen, dann mit 2 EL Wasser in einem Topf erhitzen und mit einer Gabel zerdrücken. Ahornsirup, Zimtstange und Nelken zufügen und alles aufkochen. Die Himbeeren 10–15 Min. bei mittlerer Hitze köcheln lassen.

Den Topf vom Herd nehmen, die Zimtstange entfernen und die Chia-Samen einrühren. Die Marmelade gut umrühren und abkühlen lassen, dann in ein sterilisiertes Schraubglas füllen und gut verschlossen nicht länger als 1 Woche im Kühlschrank aufbewahren.

Tipp:

Die Himbeeren lassen sich beliebig durch andere Beeren ersetzen.

APFELSAUCE

Selbst gemachte Apfelsauce schmeckt nicht nur den Kleinsten! Sie verfeinert viele Desserts und ist mit Joghurt oder Quark verrührt der perfekte süße Snack für zwischendurch.

10 Min. Zubereitung, 1 Std. Köcheln · Pro Glas ca. 580 kcal, 3 g E, 3 g F, 132 g KH
Vegan · Glutenfrei

FÜR 1 GLAS (400 ML)

- 6 süße Äpfel
- ½ Zitrone
- 1 TL Vanilleextrakt
- 100 g Ahornsirup (ersatzweise Honig)
- 1 TL Zimtpulver
- 1 Zimtstange
- ½ TL frisch geriebene Muskatnuss

Die Äpfel waschen, schälen, von ihren Kerngehäusen befreien und in kleine Würfel schneiden. Die Apfelwürfel in einen Topf geben und 50 ml Wasser zufügen.

Die Zitronenhälfte auspressen. Den Saft mit Vanilleextrakt und Ahornsirup zu den Äpfeln geben. Zimtpulver, Zimtstange und Muskat zufügen, alles aufkochen und dann bei niedriger Hitze zugedeckt unter gelegentlichem Rühren ca. 1 Std. köcheln lassen. Anschließend die Zimtstange entfernen.

Die Apfelsauce umrühren und abkühlen lassen. Die Sauce nach Belieben fein pürieren oder stückig lassen und in ein sterilisiertes Schraubglas füllen. Die Sauce gut verschlossen nicht länger als 1 Woche im Kühlschrank aufbewahren.

Mmm..

»ES IST ÄUSSERST
PRAKTISCH UND ZEITSPAREND,
EINE BESTIMMTE GRUNDLAGE
AN LEBENSMITTELN IMMER
GRIFFBEREIT ZU HABEN.«

FLEISCHBRÜHE

20 Min. Zubereitung, 20 Min. Rösten, 8 Std. Köcheln · Pro Portion ca. 40 kcal, 1 g E, 1 g F, 4 g KH
Glutenfrei

FÜR 2 LITER (CA. 4 PORTIONEN)

- 2 kg Rindermarkknochen
- 4 EL Tomatenmark
- 500 g Suppenfleisch
- 1 Petersilienwurzel
- 1 Knolle Sellerie
- 5 Möhren
- 6 Stangen Staudensellerie
- 1 Stange Lauch
- 1 Zwiebel
- 3 Knoblauchzehen
- je ½ Bund Petersilie, Rosmarin und Thymian
- 1 Stück Ingwer (2 ½ cm lang)
- 2 Lorbeerblätter
- 1 EL Misopaste
- 1 EL Apfelessig
- 1 TL Pfefferkörner

Den Backofen auf 180° vorheizen. Die Markknochen auf ein Blech geben, mit dem Tomatenmark bestreichen und ca. 20 Min. im heißen Ofen (Mitte) rösten.

Inzwischen 3 l Wasser in einem großen Topf aufkochen, dann das Suppenfleisch zugeben. Gemüse, Zwiebel und Knoblauch waschen, putzen, halbieren und ungeschält in den Topf geben. Kräuter abbrausen. Ingwer waschen und halbieren. Die Kräuter, Ingwer, Lorbeerblätter, Misopaste, Essig, Pfeffer und geröstete Markknochen zugeben. Alles ca. 10 Min. kochen, dann bei niedriger Hitze zugedeckt ca. 8 Std. köcheln lassen.

Fleisch und Knochen entfernen. Brühe durch ein Sieb abseihen, Gemüse und Kräuter entsorgen. Die Brühe abkühlen lassen, von der oberen Fettschicht befreien und in sterilisierten Schraubgläsern gut verschlossen nicht länger als 1 Woche im Kühlschrank aufbewahren.

HÜHNERBRÜHE

20 Min. Zubereitung, 8 Std. Köcheln · Pro Portion ca. 20 kcal, 1 g E, 1 g F, 2 g KH
Glutenfrei

FÜR 2 LITER (CA. 4 PORTIONEN)

- 1 Bio-Suppenhuhn (küchenfertig)
- 1 Petersilienwurzel
- 1 Knolle Sellerie
- 4 Möhren
- 3 Stangen Staudensellerie
- 1 Stange Lauch
- 2 Zwiebeln
- 1 Knoblauchknolle
- 1 Bund Petersilie
- je 1 Zweig Rosmarin und Thymian
- 1 Stück Ingwer (2 ½ cm lang)
- 2 Lorbeerblätter
- 1 TL Apfelessig
- Himayala-Salz (ersatzweise Salz)
- 1 TL Pfefferkörner
- ½ TL gemahlene Kurkuma
- ½ TL gemahlene Nelken

Das Huhn mit 3 l Wasser in einem großen Topf erhitzen. Gemüse, Zwiebeln und Knoblauch waschen, putzen, halbieren und ungeschält zugeben. Kräuter abbrausen. Ingwer waschen und halbieren. Beides mit Lorbeerblättern, Essig, 1 TL Salz und Gewürzen zufügen. Alles 10–15 Min. kochen, dann bei niedriger Hitze zugedeckt ca. 8 Std. köcheln lassen.

Das Suppenhuhn entnehmen und die Brühe durch ein Sieb in einen zweiten Topf abseihen. Gemüse und Kräuter entsorgen. Die Brühe abkühlen lassen, von der oberen Fettschicht befreien und in sterilisierten Schraubgläsern gut verschlossen nicht länger als 1 Woche im Kühlschrank aufbewahren.

FAMILY

GEMÜSEBRÜHE

Gemüsebrühe ist die Basis vieler Suppen und schmeckt selbst gemacht viel besser und aromatischer als aus dem Glas. Dazu kommt sie ohne Konservierungsstoffe und Geschmacksverstärker aus und ist somit die wesentlich gesündere Wahl.

20 Min. Zubereitung, 1 Std. Köcheln · Pro Portion ca. 20 kcal, 2 g E, 0 g F, 3 g KH
Vegan · Glutenfrei

FÜR 2 LITER (CA. 4 PORTIONEN)

- 6 Shiitake (Pilze)
- 5 Möhren
- 4 Stangen Staudensellerie
- 1 Knolle Fenchel
- 1 Knolle Sellerie
- 1 Stange Lauch
- 2 Tomaten
- 1 Bund Frühlingszwiebeln
- 1 Zwiebel
- 1 Knoblauchknolle
- 1 Bund Petersilie
- 3 Zweige Thymian
- 1 TL Pfefferkörner
- 1 Lorbeerblatt
- 1 EL Apfelessig
- 1 EL Misopaste

Das Gemüse waschen, putzen und ungeschält grob klein schneiden. Mit 2 l Wasser in einen großen Topf geben. Zwiebel und Knoblauch waschen, putzen, mit Schale halbieren und zufügen. Die Kräuter abbrausen und mit Pfeffer, Lorbeerblatt, Essig und Misopaste ebenfalls in den Topf geben.

Die Brühe erhitzen und 10–15 Min. offen kochen, dann für ca. 1 Std. bei niedriger Hitze zugedeckt köcheln lassen. Anschließend die Brühe durch ein Sieb in einen zweiten Topf abseihen. Das Gemüse und die Kräuter entsorgen.

Die Brühe abkühlen lassen und in sterilisierten Schraubgläsern gut verschlossen nicht länger als 1 Woche im Kühlschrank aufbewahren.

Tipp:

Alle selbst gemachten Brühen lassen sich prima portionsweise einfrieren. So hat man sie immer zur Hand, wenn man sie gerade benötigt.

BOLOGNESE

Dieser Klassiker der italienischen Küche zählt zu meinen absoluten Lieblingssaucen. Sie punktet immer – egal ob zu Pasta oder in Lasagne. Dazu ist Bolognese das perfekte Familienessen, da sie bei Groß und Klein gleichermaßen beliebt ist.

25 Min. Zubereitung, mind. 1 Std. Kochen · Pro Portion ca. 655 kcal, 53 g E, 37 g F, 37 g KH
Glutenfrei

FÜR 4 PERSONEN

- 3 Möhren
- 3 Stangen Staudensellerie
- 1 Zwiebel
- 1 Knoblauchzehe
- 3 EL Olivenöl
- 800 g Rinderhackfleisch
- 3 EL Tomatenmark
- 2 l passierte Tomaten (aus dem Tetrapak)
- Salz, Pfeffer
- ¼ Bund Petersilie

Die Möhren schälen, putzen und fein würfeln. Den Staudensellerie waschen, putzen und ebenfalls in kleine Würfel schneiden. Zwiebel und Knoblauch schälen und fein hacken.

2 EL Öl in einem Topf erhitzen. Möhren, Sellerie, Zwiebel und Knoblauch darin bei mittlerer Hitze andünsten. Inzwischen das restliche Öl in einer Pfanne erhitzen und das Hackfleisch braun und krümelig braten. Das Fleisch zum Gemüse in den Topf geben.

Das Tomatenmark einrühren und kurz mitrösten, dann alles mit den passierten Tomaten ablöschen und aufkochen. Die Sauce mit Salz und Pfeffer würzen und 10–15 Min. kochen, dann 1–2 Std. bei niedriger Hitze offen köcheln lassen, dabei immer wieder umrühren. Die Petersilie abbrausen, trocken schütteln und die Blätter fein hacken. Vor dem Servieren in die Sauce rühren.

Tipp:

Es lohnt sich, gleich die doppelte Menge Bolognese zu kochen. Sie schmeckt aufgewärmt fast noch besser und kann auch eingefroren werden.

happy
kids = happy
mom

BASILIKUMPESTO

15 Min. Zubereitung · Pro Portion ca. 690 kcal, 16 g E, 67 g F, 5 g KH
Glutenfrei

FÜR 4 PERSONEN

- 4 Bund Basilikum
- 50 g Pinienkerne
- 1 Knoblauchzehe
- 150 g Parmesan
- 200 ml Olivenöl
- Salz, Pfeffer

Basilikum abbrausen und trocken schleudern. Die Blätter von den Stängeln zupfen und in eine Schüssel geben. Die Pinienkerne in einer Pfanne bei mittlerer Hitze unter Wenden rösten, bis sie goldbraun sind. Aufpassen, dass sie nicht verbrennen. Inzwischen den Knoblauch schälen und grob klein schneiden. Den Parmesan fein reiben.

Pinienkerne und Knoblauch mit dem Olivenöl in einen Mixer geben, mit Salz und Pfeffer würzen und auf hoher Stufe fein pürieren. Die Basilikumblätter zugeben und auf mittlerer Stufe untermixen.

Die Basilikummischung in eine Schüssel geben und den Parmesan unterheben. Das Pesto gleich verwenden oder in ein Schraubglas füllen und bis zu 4 Tagen im Kühlschrank aufbewahren.

Tipp:

Für eine Extraportion Vitamine die Hälfte vom Basilikum durch Grünkohl ersetzen. Die Kinder werden es nicht merken – versprochen!

EINFACHE TOMATENSAUCE

10 Min. Zubereitung, 30 Min. Kochen · Pro Portion ca. 140 kcal, 3 g E, 11 g F, 8 g KH
Vegan · Glutenfrei

FÜR 4 PERSONEN

- 10 große Tomaten
- 1 Zwiebel
- 1 Knoblauchzehe
- 4 EL Olivenöl
- Salz, Pfeffer
- 2 EL Tomatenmark
- 5 Stängel Basilikum

Die Tomaten am Stielansatz kreuzweise einschneiden und in einem Topf mit kochendem Wasser kurz blanchieren. Dann sofort in kaltem Wasser abschrecken und häuten. Die Tomaten klein würfeln.

Zwiebel und Knoblauch schälen und fein hacken. Das Olivenöl in einem Topf erhitzen und Zwiebel und Knoblauch darin bei mittlerer Hitze in 3–4 Min. glasig dünsten. Dann die gewürfelten Tomaten zugeben und mit Salz und Pfeffer würzen. Tomatenmark zufügen und alles ca. 30 Min. unter gelegentlichem Rühren offen köcheln lassen. Basilikum abbrausen, trocken schütteln, die Blätter abzupfen und klein hacken. Das Basilikum vor dem Servieren in die Sauce rühren.

Tipp:

Wer keine Zeit oder Lust zum Häuten hat, kann für die Sauce auch Kirschtomaten verwenden.

HOT SAUCE

Mittlerweile laden mich meine Freunde nur unter einer Bedingung zum Abendessen zu sich ein: Ich muss meine Hot Sauce mitbringen. Ohne geht nicht! Ich liebe scharfes Essen und diese Sauce macht einfach gute Laune.

15 Min. Zubereitung, 30 Min. Köcheln · Pro Glas ca. 425 kcal, 7 g E, 22 g F, 47 g KH
Vegan · Glutenfrei

FÜR 1 GLAS (500 ML)
200 g rote Jalapeños
1 Zwiebel
2 Knoblauchzehen
2 EL Olivenöl
4 Tomaten
100 ml Apfelessig
100 ml Apfelsaft
½ TL Chilipulver
Salz
1 TL Kokosblütenzucker

Die Jalapeños waschen, putzen, grob klein schneiden und in einen Mixer geben. Zwiebel und Knoblauch schälen, grob würfeln und ebenfalls in den Mixer geben. Alles auf niedriger Stufe kurz zerkleinern.

Das Olivenöl in einer Pfanne auf mittlerer Stufe erhitzen und die Jalapeñomischung darin ca. 5 Min. anbraten. Inzwischen die Tomaten waschen, putzen und vierteln. Dann ebenfalls in die Pfanne geben und kurz mitbraten. Alles mit 200 ml Wasser, Apfelessig und Apfelsaft ablöschen und einmal aufkochen. Die Hitze reduzieren, Chilipulver, 1 Prise Salz und Zucker zugeben und die Hot Sauce 30 Min. offen köcheln lassen. Anschließend im Mixer fein pürieren.

Die Hot Sauce abkühlen lassen, in ein Schraubglas füllen und nicht länger als 1 Woche im Kühlschrank aufbewahren.

Tipp:

Für eine mildere, kinderfreundlichere Variante kannst du die Sauce auch mit roten Paprika zubereiten und das Chilipulver weglassen.

Spicy
HOT
HOT
Hot Sauce

KETCHUP

15 Min. Zubereitung, 30 Min. Köcheln · Pro Glas ca. 575 kcal, 12 g E, 22 g F, 77 g KH
Vegan · Glutenfrei

FÜR 1 GLAS (700 ML)
3 Tomaten
½ rote Paprika
1 kleine Möhre
1 Stange Staudensellerie
½ rote Zwiebel
1 Knoblauchzehe
2 EL Olivenöl
50 g Kokosblütenzucker
40 ml Apfelessig (ersatzweise Rotweinessig)
Salz, Pfeffer
250 g Tomatenmark

Die Tomaten am Stielansatz kreuzweise einschneiden und in kochendem Wasser kurz blanchieren. Dann sofort kalt abschrecken, häuten und klein würfeln. Die Paprikahälfte waschen, weiße Trennwände und Kerne entfernen und die Hälfte würfeln. Die Möhre schälen, putzen und klein schneiden. Den Sellerie waschen, putzen und klein schneiden.

Zwiebel und Knoblauch schälen, fein hacken und bei mittlerer Hitze im Öl glasig dünsten. Paprika, Möhre und Sellerie zugeben und 2–3 Min. mitbraten. Tomaten, Kokosblütenzucker, 60 ml Wasser und Essig einrühren und alles mit Salz und Pfeffer würzen. Tomatenmark unterrühren, die Sauce aufkochen und bei niedriger Hitze 30 Min. unter stetigem Rühren köcheln lassen. Den Ketchup dann in einen Mixer geben und fein pürieren. Abkühlen lassen, in ein Schraubglas füllen und nicht länger als 1 Woche im Kühlschrank aufbewahren.

VEGANE MAYONNAISE

10 Min. Zubereitung · Pro Glas ca. 490 kcal, 2 g E, 51 g F, 6 g KH
Vegan · Glutenfrei

FÜR 1 GLAS (200 ML)

- ½ Zitrone
- 120 ml Mandeldrink (ungesüßt, selbst gemacht, siehe S. 24)
- 2 EL Apfelessig
- ½ TL Ahornsirup
- Salz
- 1 TL Dijon-Senf
- 50 ml Avocadoöl

Aus der Zitronenhälfte 2 EL Saft auspressen. Zitronensaft, Mandeldrink, Apfelessig, Ahornsirup, 1 TL Salz und Senf in einen Mixer geben und auf hoher Stufe pürieren. Die Mixgeschwindigkeit reduzieren und das Avocadoöl langsam tröpfchenweise untermixen, bis eine dickcremige Konsistenz entstanden ist.

Die Mayo gut verschlossen in einem sterilisierten Schraubglas nicht länger als 2 Wochen im Kühlschrank aufbewahren.

Tipp:

Man kann den Mandeldrink auch durch Aquafaba, das Kochwasser von Kichererbsen, ersetzen.

MAYO-ARTISCHOCKEN-DIP

10 Min. Zubereitung · Pro Portion ca. 470 kcal, 1 g E, 50 g F, 4 g KH
Vegetarisch · Glutenfrei

FÜR 4 PERSONEN

- 250 g Mayonnaise (selbst gemacht, siehe S. 47, oder aus dem Glas)
- 4 Artischocken-Herzen (aus dem Glas)
- 1 Limette
- ¼ Bund Koriandergrün
- 1 Jalapeño
- Salz, Pfeffer

Die Mayonnaise in einen Mixer geben. Die Artischocken abtropfen lassen und grob klein schneiden. Die Limette halbieren und den Saft auspressen. Koriander abbrausen, trocken schütteln und die Blätter abzupfen. Die Jalapeño waschen, putzen und grob klein schneiden.

Artischocken, Limettensaft, Korianderblätter, Jalapeño sowie 1 Prise Salz und Pfeffer zur Mayonnaise in den Mixer geben. Dann alles zu einem feinen Dip pürieren. Mit Salz und Pfeffer abschmecken.

Tipp:

Für noch mehr Cremigkeit kannst du etwas Frischkäse unter den Dip mischen.

DILL-DIP

10 Min. Zubereitung · Pro Portion ca. 140 kcal, 4 g E, 12 g F, 1 g KH
Vegan · Glutenfrei

FÜR 4 PERSONEN

- ½ Bund Dill
- 2 Zitronen
- 75 g Tahin (Sesampaste)
- 75 g Mandeljoghurt (ungesüßt)
- 1 EL Rotweinessig
- Salz, Pfeffer
- 1 Prise Cayennepfeffer

Dill abbrausen, trocken schütteln und bis auf ein paar abgezupfte Spitzen in einen Mixer geben. Die Zitronen halbieren und den Saft auspressen. Tahin, Joghurt, Essig, 100 ml Wasser und Zitronensaft zufügen. Alles mit 1 Prise Salz, Pfeffer und Cayennepfeffer würzen und fein mixen. Den Dip mit Salz und Pfeffer abschmecken und mit den restlichen Dillspitzen garnieren.

Tipp:

Dies ist der perfekte Dip für Crudités oder Falafel. Ein absoluter Can't live without auf meiner Liste!

EINGELEGTE ZWIEBEL

Diese pinken Zwiebelringe sind ein echter Hingucker. Sie punkten nicht nur durch ihre knallige Farbe, sie sind auch ein leckeres und würziges Topping für jeden Salat, Cheeseburger oder Avocado-Toast.

20 Min. Zubereitung, mind. 12 Std. Marinieren · Pro Glas ca. 100 kcal, 1 g E, 1 g F, 10 g KH
Vegan · Glutenfrei

FÜR 1 GLAS (500 ML)

- 1 große rote Zwiebel
- 1 Limette
- 250 ml Apfelessig
- 1 TL Kokosblütenzucker (ersatzweise Rohrohrzucker)
- 2 Nelken
- ½ TL Allzweck-Gewürzmischung (siehe S. 52)

Die Zwiebel schälen und in dünne Scheiben schneiden. Die Limette halbieren und den Saft auspressen. Limettensaft, Apfelessig, 200 ml Wasser, Nelken und die Gewürzmischung in einen Topf geben und alles erhitzen. Die Mischung 3–4 Min. kochen lassen. Dann den Topf vom Herd nehmen, die Nelken entfernen und die Marinade in 10–15 Min. abkühlen lassen.

Die Zwiebelscheiben in ein sterilisiertes Schraubglas geben und mit der Marinade bedecken. Das Glas in den Kühlschrank stellen und die Zwiebelscheiben 12–18 Std. ziehen lassen.

Die eingelegten Zwiebelscheiben gut verschlossen nicht länger als 2 Wochen im Kühlschrank aufbewahren.

ALLZWECK-GEWÜRZMISCHUNG

5 Min. Zubereitung · Pro Glas ca. 260 kcal, 12 g E, 7 g F, 35 g KH
Vegan · Glutenfrei

FÜR 1 GLAS (CA. 100 G)

- 2 EL Paprikapulver
- 1 EL Knoblauchpulver
- 1 EL Zwiebelpulver
- 1 EL Selleriepulver (Gewürzhandel, ersatzweise getrocknete Petersilie)
- 1 EL gemahlener Kreuzkümmel
- 1 EL getrocknetes Basilikum
- 1 EL gemahlene Kurkuma
- 1 EL Salz

Alle Zutaten in einen kleinen Behälter mit Deckel geben. Den Behälter gut verschließen und so lange schütteln, bis alle Gewürze miteinander vermischt sind.

SEAFOOD-GEWÜRZMISCHUNG

5 Min. Zubereitung · Pro Glas ca. 220 kcal, 9 g E, 8 g F, 28 g KH
Vegan · Glutenfrei

FÜR 1 GLAS (CA. 100 G)

- 2 EL getrockneter Oregano
- 1 EL getrockneter Dill
- 1 EL getrockneter Thymian
- 1 TL Pfeffer
- 1 TL Senfmehl
- 1 TL gemahlener Kreuzkümmel
- 1 TL Sesam
- 1 TL Sumach

Alle Zutaten in einen kleinen Behälter mit Deckel geben. Den Behälter gut verschließen und so lange kräftig schütteln, bis alle Gewürze und Kräuter miteinander vermischt sind.

SÜSSE GEWÜRZMISCHUNG

5 Min. Zubereitung · Pro Glas ca. 170 kcal, 2 g E, 1 g F, 43 g KH
Vegan · Glutenfrei

FÜR 1 GLAS (CA. 100 G)

- 2 EL Zimtpulver
- 1 EL gemahlener Kardamom
- 2 EL Kokosblütenzucker (ersatzweise Rohrohrzucker)
- 1 EL gemahlene Vanille
- 1 Prise frisch geriebene Muskatnuss

Alle Zutaten in einen kleinen Behälter mit Deckel geben. Den Behälter gut verschließen und so lange schütteln, bis alle Gewürze miteinander vermischt sind.

ASIATISCHE MISO-MARINADE

10 Min. Zubereitung · Pro Glas ca. 475 kcal, 6 g E, 41 g F, 20 g KH
Vegan

FÜR 1 GLAS (125 ML)

1 Knoblauchzehe
1 Stück Ingwer (2 cm lang)
4 EL Sesamöl
2 EL Sojasauce (salzreduziert)
3 EL Reisessig
2 EL Misopaste
1 EL Ahornsirup
1 Frühlingszwiebel

Knoblauch und Ingwer schälen und pressen bzw. fein reiben. Beides in eine Schüssel geben. Sesamöl, Sojasauce, Reisessig, Misopaste und Ahornsirup zufügen und alles mit einem Schneebesen kräftig verrühren. Die Frühlingszwiebel waschen, putzen, in feine Scheiben schneiden und unter die Marinade mischen.

Die Marinade in ein sterilisiertes Schraubglas füllen und gut verschlossen bis zur Verwendung in den Kühlschrank stellen.

Tipp:

Es können noch 3 EL Sake (japanischer Reiswein) zugegeben werden, wenn die Marinade für ein »Erwachsenenessen« verwendet werden soll.

Healthy Food

FRÜHSTÜCK, SNACKS & SMOOTHIES

Ein gesundes Frühstück gilt nicht ohne Grund als wichtigste Mahlzeit des Tages. Sei ein gutes Vorbild und nimm dir hierfür ausreichend Zeit – mit ein wenig Planung ist das gar nicht schwer. Kinder können mit einem protein- und ballaststoffreichen Frühstück im Magen viel ausgeglichener und energievoller in den Tag starten. Snacks und selbst gemachte Smoothies für zwischendurch helfen, kleine Durchhänger zu vermeiden.

Super
Delicious

AVOCADO-TOAST MIT SPIEGELEI

Oft sind es ja die einfachsten Dinge im Leben, die am meisten Freude bereiten. Ich kann kaum in Worte fassen, wie groß meine Liebe für Avocados ist! Manchmal träume ich sogar von ihnen. Wenn ich unterwegs bin und einen Avocado-Toast auf der Speisekarte finde, ist mein Tag direkt gerettet.

20 Min. Zubereitung · Pro Portion ca. 525 kcal, 12 g E, 47 g F, 11 g KH
Vegetarisch

FÜR 4 PERSONEN

- 3 Avocados
- 1 Zitrone
- Salz, Pfeffer
- 3 EL Avocadoöl
- 2 sonnengetrocknete Tomaten in Öl (aus dem Glas)
- ¼ Bund Schnittlauch
- ¼ Bund Koriandergrün
- ¼ Bund Petersilie
- 4 Scheiben Vollkorn-Toastbrot
- 4 Eier

Die Avocados halbieren, entkernen, das Fruchtfleisch aus den Schalen lösen und in einer Schüssel mit einer Gabel fein zerdrücken. Die Zitrone halbieren und den Saft auspressen. Den Zitronensaft sofort mit dem Avocadomus mischen. Je ½ TL Salz und Pfeffer sowie 1 EL Avocadoöl unterrühren.

Die getrockneten Tomaten abtropfen, klein schneiden und unter die Avocadocreme mischen. Schnittlauch, Koriander und Petersilie abbrausen und trocken schütteln. Schnittlauch in feine Röllchen schneiden, Koriander und Petersilie fein hacken. Eine Handvoll Schnittlauch beiseitelegen. Die restlichen Kräuter unter die Avocadocreme rühren.

Die Vollkorntoastscheiben toasten und anschließend mit der Avocadocreme bestreichen. Das restliche Öl in einer Pfanne erhitzen. Die Eier aufschlagen und in der Pfanne bei mittlerer Hitze in ca. 2 Min. zu Spiegeleiern braten. Die Toasts mit Spiegelei belegen und mit Schnittlauchröllchen garnieren. Sofort servieren.

Tipp:

Wer es reichhaltiger mag, mischt die Avocadocreme noch mit zerbröseltem Feta. Außerdem schmecken statt Spiegelei auch pochierte oder in Scheiben geschnittene gekochte Eier.

HULK'S SUPERHERO-SPINATWAFFELN

10 Min. Zubereitung, 30 Min. Backen · Pro Portion ca. 800 kcal, 24 g E, 71 g F, 17 g KH
Vegetarisch

FÜR 4 PERSONEN

- 250 g gemahlene Mandeln
- 1 TL Backpulver
- Salz
- 4 Eier
- 200 g Blattspinat
- 50 g Kokosmilch (selbst gemacht, siehe S. 26)
- 125 g Kokosjoghurt (ungesüßt)
- 100 g weiche Butter
- ½ TL Vanilleextrakt

Außerdem

- Waffeleisen
- Kokosöl für das Waffeleisen
- Ahornsirup zum Beträufeln

Das Waffeleisen vorheizen. Etwas Kokosöl zerlassen und die Backflächen damit gründlich fetten. In einer großen Schüssel gemahlene Mandeln, Backpulver und ½ TL Salz mischen.

Die Eier aufschlagen und in einen Mixer geben. Den Spinat verlesen, waschen, trocken schleudern und zugeben. Kokosmilch, Joghurt und Butter zufügen und alles fein pürieren. Dann die Spinatmischung mit dem Vanilleextrakt in die Schüssel zur Mandelmischung geben und so lange unterrühren, bis ein glatter Teig entstanden ist.

2 EL Teig in die Mitte der unteren Backfläche des Waffeleisens geben und das Eisen schließen. Die Waffel 3–5 Min. backen. So fortfahren, bis der gesamte Teig aufgebraucht ist. Die Waffeln vor dem Servieren mit Ahornsirup beträufeln.

Tipp:

Statt mit Ahornsirup schmecken die Waffeln auch mit gezuckerter Kondensmilch oder frischen Früchten und Beeren hervorragend.

GEMÜSE-EI-MUFFINS … BREAKFAST FOR CHAMPIONS!

10 Min. Zubereitung, 20 Min. Backen · Pro Stück ca. 145 kcal, 13 g E, 10 g F, 1 g KH
Vegetarisch · Glutenfrei

FÜR 6 STÜCK

- 6 Eier
- 1 EL Allzweck-Gewürzmischung (siehe S. 52)
- 1 Prise Pfeffer
- 100 g Gouda
- 100 g Champignons
- 1 rote Paprika
- ½ Frühlingszwiebel
- 50 g Blattspinat
- 1 TL Kokosöl

Außerdem

- Kokosöl für die Form
- 6er-Muffinform

Den Backofen auf 180° vorheizen. Eier, Gewürze und Pfeffer verquirlen. Gouda würfeln und unterrühren. Pilze putzen und klein schneiden. Paprika waschen, halbieren, weiße Trennwände und Kerne entfernen und die Hälften würfeln. Frühlingszwiebel waschen, putzen und in Ringe schneiden. Spinat verlesen und klein hacken. Das Gemüse im Kokosöl 3–4 Min. bei mittlerer Hitze braten, dann unter die Eimischung rühren.

Etwas Kokosöl zerlassen und die Muffinform damit gründlich fetten. Die Eiermasse gleichmäßig auf die Mulden verteilen. Die Muffins in 15–20 Min. im heißen Ofen (Mitte) goldbraun backen.

Tipp:

Die proteinreichen Muffins sind vor allem für Sportler ein super Frühstück!

MAROKKANISCHE SHAKSHUKA

Omelett oder Rührei am Morgen ist dir zu langweilig? Dann ist diese Shakshuka, die übrigens nicht nur zum Frühstück schmeckt, eine willkommene Abwechslung. Dieses Rezept ist vollgepackt mit Nährstoffen, die den ganzen Tag zu einem ausgeglichenen Blutzuckerspiegel beitragen können.

30 Min. Zubereitung · Pro Portion ca. 150 kcal, 9 g E, 9 g F, 7 g KH
Vegetarisch · Glutenfrei

FÜR 4 PERSONEN

- 1 EL Butterschmalz (ersatzweise Avocadoöl)
- 1 Zwiebel
- 1 Knoblauchzehe
- 5 Tomaten
- 1 rote Paprika
- 1 TL Paprikapulver (edelsüß)
- ½ TL gemahlener Kreuzkümmel
- Salz, Pfeffer
- 4 Eier
- ½ Bund Koriandergrün
- ½ Bund Petersilie

Das Butterschmalz in einer großen Pfanne erhitzen. Zwiebel und Knoblauch schälen, in kleine Würfel schneiden und in die Pfanne geben. Dann in 2–3 Min. bei mittlerer Hitze glasig dünsten.

Inzwischen die Tomaten waschen, putzen und in kleine Würfel schneiden. Dann in die Pfanne geben und mitbraten. Paprika waschen, halbieren, weiße Trennwände und Kerne entfernen, die Hälften klein würfeln und ebenfalls kurz anbraten. Das Gemüse mit Paprikapulver, Kreuzkümmel, Salz und Pfeffer würzen. Die Hitze reduzieren und die Pfanne mit einem Deckel abdecken. Die Tomaten-Paprika-Mischung 10–15 Min. köcheln lassen, dabei gelegentlich umrühren.

Mit einem Holzlöffel vier kleine Mulden in der Gemüsemischung formen. Die Eier nacheinander aufschlagen und vorsichtig auf die vorbereiteten Mulden verteilen. Die Pfanne erneut abdecken und die Eier in 6–8 Min. stocken lassen.

Koriander und Petersilie abbrausen, trocken schleudern und fein hacken. Die Eier mit dem Gemüse auf Tellern anrichten, mit Kräutern bestreuen und mit Salz und Pfeffer abschmecken. Sofort servieren.

So good

FRENCH TOAST

Jeden Samstagmorgen bitten mich meine Kinder um French Toast. Mittlerweile ist die Zubereitung dieses Rezepts zu einer schönen und vor allem sehr leckeren Routine geworden, mit der wir gemeinsam ins Familienwochenende starten.

15 Min. Zubereitung · Pro Portion ca. 375 kcal, 12 g E, 20 g F, 37 g KH
Vegetarisch

FÜR 4 PERSONEN

Für den French Toast

- 4 Eier
- 250 ml Mandeldrink (selbst gemacht, siehe S. 24, ersatzweise Kokosmilch)
- 1 TL Vanilleextrakt
- 1 TL Zimtpulver
- ½ TL gemahlene Kurkuma
- ½ TL frisch geriebene Muskatnuss
- ½ TL Ingwerpulver
- 1 Prise Pfeffer
- 8 Scheiben Vollkorn-Toastbrot

Für das Topping

- 2 Bananen
- 4 TL Ahornsirup

Außerdem

- Butterschmalz zum Ausbacken

Für den French Toast die Eier aufschlagen, in eine Schüssel geben und verquirlen. Den Mandeldrink und den Vanilleextrakt unterrühren. Alles mit Zimt, Kurkuma, Muskatnuss, Ingwer und Pfeffer würzen und nochmals gut verquirlen.

1 EL Butterschmalz in einer Pfanne erhitzen. Je 2 Toastbrotscheiben von beiden Seiten kurz in die Eimischung tunken, bis sie davon vollständig bedeckt sind. Dann die Scheiben in die Pfanne geben und pro Seite 1–2 Min. braten, bis sie goldgelb sind. Mit den übrigen Toastscheiben genauso verfahren.

Inzwischen für das Topping die Bananen schälen und in dünne Scheiben schneiden. Die French Toasts auf Teller verteilen, mit Bananenscheiben belegen und mit Ahornsirup beträufelt servieren.

Tipp:

Man kann für dieses Rezept jedes beliebige Brot verwenden. Sogar aus Croissants haben wir schon French Toasts zubereitet … mit wahrscheinlich 10 000 Kalorien – pscht, nicht verraten!

Bon
Appetit

PumKin

KÜRBISKERNBROT

Lange habe ich davon geträumt, mein eigenes »gesundes« Brot zu backen und genauso lange habe ich mich nicht getraut. Hätte ich damals schon gewusst, wie einfach und schnell dieses glutenfreie und sehr nahrhafte Rezept zuzubereiten ist, dann hätte ich es schon viel früher ausprobiert.

10 Min. Zubereitung, 30 Min. Backen · Pro Scheibe ca. 225 kcal, 9 g E, 19 g F, 4 g KH
Vegetarisch · Glutenfrei

FÜR 1 KASTENFORM (20 CM LÄNGE), 10 SCHEIBEN

- 50 g Kürbiskerne
- 200 g gemahlene Mandeln (ersatzweise Dinkelmehl)
- 20 g Chia-Samen
- ½ TL gemahlener Kreuzkümmel
- 2 TL getrockneter Oregano
- 2 TL getrockneter Rosmarin
- Salz
- ½ TL Natron
- 4 Eier
- 1 EL Apfelessig
- 1 EL Olivenöl
- 1 EL Honig

Außerdem

- Kokosöl für die Form

Den Backofen auf 180° vorheizen. Etwas Kokosöl zerlassen und die Kastenform damit fetten. Die Form zusätzlich mit Backpapier auslegen. Eine Handvoll Kürbiskerne beiseitelegen. Die restlichen Kerne in einen Mixer geben und fein mahlen, anschließend in eine Schüssel füllen. Gemahlene Mandeln, Chia-Samen, Kreuzkümmel, Oregano, Rosmarin, 1 TL Salz und Natron untermischen.

Die Eier aufschlagen, in eine separate Schüssel geben und verquirlen. Apfelessig, Olivenöl und Honig unterrühren. Dann die Eimischung in die Schüssel mit den trockenen Zutaten geben und alles gut verkneten. Den Teig gleichmäßig in der Form verteilen und mit den beiseitegelegten Kürbiskernen bestreuen.

Das Brot ca. 30 Min. im heißen Ofen (Mitte) backen. Anschließend 15 Min. in der Form abkühlen lassen, dann vorsichtig herauslösen.

Tipp:

Das Kürbiskernbrot schmeckt sowohl mit süßem als auch herzhaftem Aufstrich. Wer es extrafruchtig mag, kann noch Rosinen mit in den Teig geben.

OVERNIGHT OATS MIT HEIDELBEERKOMPOTT

15 Min. Zubereitung, 12 Std. Einweichen · Pro Portion ca. 220 kcal, 6 g E, 8 g F, 28 g KH
Vegan

FÜR 4 PERSONEN

- 150 g TK-Heidelbeeren
- 2 Datteln
- ½ Zitrone
- 120 g Haferflocken
- 350 ml Mandeldrink (selbst gemacht, siehe S. 24)
- 1 TL Vanilleextrakt
- ½ TL Zimtpulver
- 1 Prise frisch geriebene Muskatnuss
- 1 TL Hanfsamen
- 2 EL gehackte Haselnusskerne (ersatzweise gehackte Mandeln)

Heidelbeeren in einem kleinen Topf erhitzen und bei mittlerer Temperatur 6–8 Min. köcheln lassen, bis sie zerplatzen. Inzwischen die Datteln waschen, entsteinen und klein hacken. Zitronenhälfte auspressen. Datteln und Zitronensaft in den Topf geben und unterrühren. Das Kompott nach weiteren 1–2 Min. vom Herd nehmen. Abkühlen lassen.

Haferflocken, Mandeldrink, Vanilleextrakt, Zimt und Muskat in einer Schüssel verrühren. Die Hälfte der Haferflockenmischung auf vier kleine Gläser verteilen. Dann jeweils ein Viertel des Kompotts daraufgeben. Die restliche Haferflockenmischung einfüllen, anschließend das übrige Kompott einschichten. Die Gläser abdecken und über Nacht in den Kühlschrank stellen. Die Overnight Oats am nächsten Morgen mit je ¼ TL Hanfsamen und je ½ EL Nüssen bestreut servieren.

Tipp:

Neben frischen Heidelbeeren sind auch Goji-Beeren ein leckeres Topping für die Overnight Oats. Wie Heidelbeeren gelten sie als Superfood.

CHIA-PUDDING MIT HIMBEERKOMPOTT

20 Min. Zubereitung, 12 Std. Einweichen · Pro Portion ca. 305 kcal, 10 g E, 22 g F, 10 g KH
Vegetarisch · Glutenfrei

FÜR 4 PERSONEN

- 200 g Himbeeren
- 520 ml Mandeldrink (selbst gemacht, siehe S. 24)
- 1 ½ TL Vanilleextrakt
- 80 g Chia-Samen
- 4 EL Mandelmus (selbst gemacht, siehe S. 28)
- 1 EL Honig
- ½ TL Zimtpulver

Die Beeren verlesen und mit 20 ml Mandeldrink und 1 TL Vanillextrakt in einem Topf bei mittlerer Hitze unter Rühren zum Kochen bringen. Die Temperatur reduzieren und die Beeren 1–2 Min. köcheln lassen. Dabei immer wieder umrühren. Den Topf vom Herd nehmen und 2 TL Chia-Samen untermischen. Das Kompott abkühlen lassen.

500 ml Mandeldrink, Mandelmus, Honig, Zimt und ½ TL Vanilleextrakt in einem Mixer mit der Pulse-Funktion fein pürieren. Die Mischung in einer Schüssel mit 70 g Chia-Samen verrühren und 10 Min. ruhen lassen. Den Pudding auf Gläser verteilen und das Kompott daraufgeben. Die Gläser abdecken und für 12 Std. in den Kühlschrank stellen.

Tipp:

Der Chia-Pudding lässt sich nach Belieben toppen: zum Beispiel mit frischen Himbeeren, Physalis, Kokosraspeln und Mandelmus.

QUINOA-GRANOLA MIT MANDELN UND HEIDELBEEREN

Ich kann von knusprigem Granola morgens einfach nicht genug bekommen. Dieses Rezept lässt mich gesund und ausgewogen, aber trotzdem mit großem Genuss in den Tag starten. Fertige Granola-Mischungen enthalten oft extrem viel Zucker, hier habe ich es selbst in der Hand.

15 Min. Zubereitung, 15 Min. Backen · Pro Portion ca. 755 kcal, 23 g E, 52 g F, 48 g KH
Vegan

FÜR 4 PERSONEN

- 150 g Haferflocken
- 80 g gepuffte Quinoa
- 50 g Kokosraspel
- 50 g Sonnenblumenkerne
- 200 g gehackte Mandeln
- ½ TL Zimtpulver
- Salz
- 3 EL Kokosöl
- 4 EL Ahornsirup (ersatzweise Honig)
- ½ Zitrone
- ½ TL Vanilleextrakt

Den Backofen auf 180° vorheizen. Ein Backblech mit Backpapier auslegen. Die Haferflocken, Quinoa, Kokosraspel, Sonnenblumenkerne und die gehackten Mandeln in eine Schüssel geben und mit Zimtpulver und 1 Prise Salz mischen.

Kokosöl und Ahornsirup in einem kleinen Topf kurz erwärmen, bis das Öl flüssig ist. Dann die Mischung mit den trockenen Zutaten verrühren. Die Zitronenhälfte auspressen und den Saft mit dem Vanilleextrakt ebenfalls zugeben. Die Granola-Mischung mit den Händen gut vermengen, dann auf dem Blech verteilen.

Das Blech in den heißen Ofen (Mitte) geben und das Granola in 15 Min. goldbraun rösten. Herausnehmen und abkühlen lassen.

Tipp:

Das Granola lässt sich gut mehrere Tage in einer geschlossenen Dose aufbewahren. Dazu schmecken frische Beeren, Obst, Joghurt, Mandeldrink und Nussmus.

Best choice

BUTTERMILCH-HIMBEER-PANCAKES

30 Min. Zubereitung · Pro Portion ca. 595 kcal, 21 g E, 44 g F, 27 g KH
Vegetarisch · Glutenfrei

FÜR 4 PERSONEN

250 g Himbeeren
225 g gemahlene Mandeln
4 EL Kokosblütenzucker
Salz
1 TL Zimtpulver
1 TL Backpulver
200 ml Mandeldrink (selbst gemacht, siehe S. 24)
200 ml Buttermilch
1 TL Vanilleextrakt
3 Eier

Außerdem

Butterschmalz zum Ausbacken
Ahornsirup zum Beträufeln

Die Himbeeren verlesen, vorsichtig waschen und abtropfen lassen. Mandeln, Kokosblütenzucker, 1 Prise Salz, Zimt und Backpulver in einer Schüssel mischen.

Mandeldrink, Buttermilch und Vanilleextrakt in eine zweite Schüssel geben. Die Eier aufschlagen und gut unterrühren. Dann nach und nach die Mandelmischung zufügen und untermischen. Zum Schluss die Himbeeren unterheben.

1 TL Butterschmalz in einer Pfanne erhitzen. Die Pancakes portionsweise (ca. eine kleine Kelle Teig pro Pfannkuchen) in 1–2 Min. pro Seite bei mittlerer Hitze goldgelb backen. Mit dem restlichen Teig ebenso verfahren. Die Pancakes auf Teller verteilen, mit etwas Ahornsirup beträufeln und sofort servieren.

BANANEN-BUCHWEIZEN-PANCAKES

30 Min. Zubereitung · Pro Portion ca. 355 kcal, 14 g E, 14 g F, 44 g KH
Vegetarisch · Glutenfrei

FÜR 4 PERSONEN

- 4 Eier
- 2 Bananen
- 2 EL Ahornsirup
- 1 TL Vanilleextrakt
- 160 g Buchweizenmehl
- 20 g Kakaopulver (roh)
- 80 ml Mandeldrink (selbst gemacht, siehe S. 24)
- 4 TL Kokosöl

Die Eier aufschlagen und in einen Mixer geben. Bananen schälen, halbieren und mit Ahornsirup, Vanilleextrakt, Buchweizenmehl, Kakao und Mandeldrink ebenfalls in den Mixer geben. Alles fein pürieren.

Je 1 TL Kokosöl in einer Pfanne zerlassen. Die Pancakes portionsweise (ca. eine kleine Kelle Teig pro Pfannkuchen) in 1–2 Min. pro Seite bei mittlerer Hitze ausbacken. Mit dem restlichen Teig ebenso verfahren. Die Pancakes auf Teller verteilen und nach Belieben garnieren. Sofort servieren.

Tipp:

Diese glutenfreien, sehr ballaststoffreichen Pancakes lassen sich nach Belieben garnieren, z. B. mit Bananenscheiben, Mandelmus, Honig, Ahornsirup, Beeren oder Kokosjoghurt.

I whant More

CHOCOLATE CHIP BANANA BREAD

Egal ob zum Frühstück oder als Nachmittagssnack, mein Bananenbrot passt einfach immer. Es zählt zu unseren liebsten gesunden Leckereien und eignet sich perfekt, um auch kleinere Kinder beim Backen miteinzubeziehen.

20 Min. Zubereitung, 50 Min. Backen · Pro Scheibe ca. 320 kcal, 8 g E, 10 g F, 49 g KH
Vegetarisch

FÜR 1 KASTENFORM (25 CM LÄNGE), 10 SCHEIBEN

- 2 EL Kokosöl
- 4 große Bananen
- 1 EL Vanilleextrakt
- 2 Eier
- 100 ml Ahornsirup
- 80 ml Mandeldrink
- 280 g Dinkelmehl
- 40 g Haferflocken
- ½ TL Zimtpulver
- ½ Pck. Backpulver
- 1 TL Natron
- Salz
- 50 g Walnusskerne
- 50 g Chocolate Chunks (Schokostückchen)

Den Backofen auf 180° vorheizen. Das Kokosöl zerlassen, davon etwas zum Fetten der Kastenform verwenden. Die Bananen schälen. 1 Banane beiseitelegen, die restlichen in einer großen Schüssel mithilfe einer Gabel fein zerdrücken. Das übrige Kokosöl, Vanilleextrakt, aufgeschlagene Eier, Ahornsirup und Mandeldrink zugeben und alles vermischen.

Das Dinkelmehl in einer zweiten Schüssel mit Haferflocken, Zimt, Backpulver, Natron und 1 Prise Salz vermengen. Die Walnusskerne fein hacken und bis auf einen kleinen Rest untermischen. Die Mehlmischung zur Bananenmischung geben und alles zu einem glatten Teig verrühren. Die Chocolate Chunks bis auf eine kleine Handvoll unterheben.

Den Teig in die Form füllen und glatt streichen. Die beiseitegelegte Banane längs halbieren und auf den Teig legen. Die übrigen Nüsse und Chocolate Chunks darüberstreuen. Das Bananenbrot in den heißen Ofen (Mitte) geben und in ca. 50 Min. goldbraun backen. Stäbchenprobe machen!

Das fertige Bananenbrot in der Form abkühlen lassen, dann herauslösen und in Scheiben schneiden.

HIMBEER- & NUSS-SCHOKO-COOKIES

Für diese leckeren Cookies verwende ich zweierlei Füllungen – mein Nuss-Schoko-Creme-Rezept und meine selbst gemachte Himbeermarmelade. Du kannst dir beim Füllen der Kekse prima von deinen Kindern helfen lassen.

20 Min. Zubereitung, 30 Min. Kühlen, 12 Min. Backen · Pro Stück ca. 115 kcal, 3 g E, 9 g F, 6 g KH
Vegetarisch · Glutenfrei

FÜR CA. 16 COOKIES

Für die Cookies

- 60 g Kokosöl
- 1 Ei
- 3 EL Ahornsirup
- 1 TL Vanilleextrakt
- 1 EL Zitronensaft
- 100 g gemahlene Mandeln
- 50 g Kokosmehl
- ½ TL Backpulver
- Salz

Für die Füllung

- 4 TL Himbeermarmelade (selbst gemacht, siehe S. 31)
- 4 TL Nuss-Schoko-Creme (selbst gemacht, siehe S. 30)

Für die Cookies das Kokosöl zerlassen. Das Ei aufschlagen und in eine Schüssel geben. Das abgekühlte Kokosöl mit Ahornsirup, Vanilleextrakt und Zitronensaft zugeben. Alles gut verrühren.

Gemahlene Mandeln, Kokosmehl, Backpulver und 1 Prise Salz unterrühren, bis ein klebriger Teig entstanden ist. Die Schüssel abdecken und den Teig 30 Min. in den Kühlschrank stellen.

Inzwischen den Backofen auf 180° vorheizen und ein Backblech mit Backpapier auslegen. Den Teig aus dem Kühlschrank nehmen und daraus ca. 16 kleine Kugeln formen. Mit dem Daumen jeweils in der Mitte eine Mulde eindrücken. Die Cookies in 10–12 Min. im heißen Ofen (Mitte) goldbraun backen. Anschließend abkühlen lassen.

Für die Füllung die Hälfte der Cookies mit je ½ TL Himbeermarmelade und die andere Hälfte mit je ½ TL Nuss-Schoko-Creme füllen.

Tipp:

Lass dich nicht davon irritieren, wenn der Teig etwas krümelig erscheint – das ist normal.

ERDBEER-LIMONADEN-EIS AM STIEL

Eis am Stiel erinnert mich an meine Kindheit und an den Sommerurlaub in Italien. Das einzige Problem: Gekauftes Eis am Stiel ist meist nichts anderes als künstlich gefärbtes Zuckerwasser – also total überflüssig und ungesund. Mit meinem Rezept ist der Zuckergehalt überschaubar. Frische Erdbeeren sorgen dazu für eine Extraportion Vitamine.

20 Min. Zubereitung, 4 Std. Tiefkühlen · Pro Portion ca. 65 kcal, 0 g E, 0 g F, 15 g KH
Vegetarisch · Glutenfrei

FÜR 10 EIS-AM-STIEL-FORMEN

- 400 g Erdbeeren
- 160 g Honig
- 4 Zitronen

Die Erdbeeren waschen, trocken tupfen und putzen, dann mit 80 g Honig in einen Mixer geben und in 1–2 Min. glatt pürieren.

Die Zitronen halbieren und den Saft auspressen. Es werden 150 ml benötigt. Den Zitronensaft mit 150 ml Wasser und dem restlichen Honig in einen kleinen Topf geben. Die Mischung 2–3 Min. bei mittlerer Hitze unter Rühren erwärmen, bis sich der Honig aufgelöst hat. Die Zitronenlimonade 10 Min. abkühlen lassen.

Inzwischen die Erdbeermischung auf die Eisformen verteilen, sodass sie bis zur Hälfte gefüllt sind. Die abgekühlte Limonade zugießen. Das Eis am Stiel in 3–4 Std. im Tiefkühlfach gefrieren lassen. Anschließend aus den Formen nehmen und sofort genießen. Zum leichteren Lösen die Formen gegebenenfalls kurz unter warmes Wasser halten.

Tipp:

Übrigens muss man die Beeren nicht vollständig mixen. Meine Kinder freuen sich jedes Mal, wenn sie kleine Stückchen von ihrem Lieblingsobst im Eis entdecken können.

APFEL-MÖHREN-ZUCCHINI-MUFFINS

Diese leckeren Muffins bringen eine dezente Süße mit und eignen sich hervorragend, um deinen Kindern still und leise Obst und Gemüse unterzujubeln. Sie werden es garantiert nicht entdecken und die Muffins lieben!

15 Min. Zubereitung, 30 Min. Backen · Pro Stück ca. 170 kcal, 4 g E, 10 g F, 18 g KH
Vegetarisch

FÜR 12 STÜCK

- 120 g Möhren
- ½ kleiner Apfel (70 g)
- 70 g Zucchino
- 100 g Kokosöl
- 2 Eier
- 1 TL Apfelessig
- 50 g Apfelsauce (selbst gemacht, siehe S. 32, ersatzweise Apfelmus aus dem Glas)
- 2 EL Ahornsirup
- 1 TL Vanilleextrakt
- 100 ml Mineralwasser mit Kohlensäure
- 250 g Dinkelmehl
- 1 TL Backpulver

Außerdem

- 12er-Muffinform
- 12 Muffin-Papierförmchen

Den Backofen auf 180° vorheizen. Möhren und Apfel schälen, putzen und fein reiben. Den Zucchino waschen, putzen und ebenfalls fein reiben. Die Raspel in ein Sieb geben und gut ausdrücken. Dann in eine Schüssel füllen.

Das Kokosöl zerlassen. Eier, Öl, Apfelessig, Apfelsauce, Ahornsirup, Vanilleextrakt und Mineralwasser zu den Raspeln in die Schüssel geben und unterrühren. Mehl und Backpulver mischen und ebenfalls unter den Teig rühren.

Die Muffinform mit Papierförmchen auslegen. Den Teig gleichmäßig darauf verteilen. Die Muffins in 30 Min. im heißen Ofen (Mitte) goldbraun backen. Anschließend abkühlen lassen, aus den Förmchen lösen und servieren.

Tipp:

Die Muffins schmecken mit einem Topping aus Himbeermarmelade und frischen Beeren oder selbst gemachter Apfelsauce noch einmal so gut.

Yummy

DATTEL-TRÜFFEL

30 Min. Zubereitung, 15 Min. Einweichen · Pro Stück ca. 185 kcal, 4 g E, 13 g F, 14 g KH
Vegan · Glutenfrei

FÜR 20 STÜCK

Für die Trüffel
350 g getrocknete Datteln
2 EL Kokosöl
165 g Mandelmus (selbst gemacht, siehe S. 28)

Für das Topping (nach Wahl)
50 g Kokosraspel
50 g Kakaopulver (roh)
50 g Kakao-Nibs (roh)
50 g Himbeer-Fruchtpulver
50 g gehackte Haselnusskerne
50 g Chia-Samen
50 g Hanfsamen

Die Datteln entsteinen und in einer Schüssel mit warmem Wasser bedecken. Die Datteln 15 Min. einweichen, anschließend in einem Sieb abtropfen lassen. Das Kokosöl zerlassen. Datteln, Öl und Mandelmus in einen Mixer geben und auf mittlerer Stufe zu einer Paste pürieren.

Je 1 EL Paste mit den Händen zu einer Kugel formen und auf ein Tablett legen. Die gesamte Paste zu Kugeln verarbeiten.

Toppings nach Wahl separat in kleine Schüsseln füllen. Die Trüffel darin mehrmals hin und her wälzen, bis sie komplett ummantelt sind.

Tipp:
Beim Rollen und Wälzen kannst du dir gut von deinen Kindern helfen lassen. Die Trüffel sind zudem der perfekte Snack für zwischendurch – egal ob für die Schule oder den Sportunterricht.

APFEL-DONUTS

10 Min. Zubereitung · Pro Portion ca. 535 kcal, 14 g E, 37 g F, 34 g KH
Vegan · Glutenfrei

FÜR 4 PERSONEN

- 4 rote Bio-Äpfel
- 100 g Nuss-Schoko-Creme (selbst gemacht, siehe S. 30)
- 100 g Mandelmus (selbst gemacht, siehe S. 28)
- 100 g Erdnussmus
- 100 g Kokosjoghurt

Die Äpfel waschen, trocknen und mit einem Apfelausstecher vom Kerngehäuse befreien. Die Äpfel in 1 cm dicke Scheiben schneiden.

Die Apfelscheiben auf Teller verteilen und die oberen Seiten jeweils mit Nuss-Schoko-Creme, Mandelmus, Erdnussmus und Kokosjoghurt bestreichen. Die Donuts nach Belieben garnieren (siehe Tipp) und sofort servieren.

Tipp:

Die Apfel-Donuts kannst du nach Belieben mit Kakao-Nibs, Kokosraspeln, Quinoa-Granola, frischen Beeren, Açai-Pulver, Bananenscheiben und, und, und bestreuen oder belegen.

KURKUMA-GUACAMOLE

10 Min. Zubereitung · Pro Portion ca. 335 kcal, 3 g E, 34 g F, 2 g KH
Vegan · Glutenfrei

FÜR 4 PERSONEN

- 3 Avocados
- 2 Limetten
- ½ rote Zwiebel
- 1 Tomate
- 1 Stängel Koriandergrün
- ½ TL gemahlene Kurkuma
- ½ TL gemahlener Kreuzkümmel
- Salz, Pfeffer
- ½ TL Chiliflocken (optional)

Die Avocados halbieren und entkernen. Das Fruchtfleisch aus den Schalen lösen und in einer Schüssel mit einer Gabel fein zerdrücken. Die Limetten halbieren, den Saft auspressen und sofort mit dem Avocadomus mischen.

Die Zwiebelhälfte schälen und fein würfeln. Die Tomate waschen, putzen und ebenfalls würfeln. Koriander abbrausen und trocken schütteln. Die Blätter abzupfen und klein hacken. Zwiebel, Tomate und Koriander unter das Avocadomus rühren. Die Guacamole mit Kurkuma, Kreuzkümmel, Salz und Pfeffer würzen und alles gut vermischen. Nach Belieben mit Chiliflocken abschmecken.

Super Powers

MANGO-SALSA

10 Min. Zubereitung · Pro Portion ca. 115 kcal, 2 g E, 1 g F, 24 g KH
Vegetarisch

FÜR 4 PERSONEN

- 2 Mangos
- 1 rote Paprika
- 1 rote Zwiebel
- 2 Jalapeños
- 2 Stängel Koriandergrün
- 2 Limetten
- 2 TL Sojasauce (salzreduziert)
- 2 EL Honig
- Salz

Mangos schälen, das Fruchtfleisch vom Stein schneiden und fein würfeln. Die Paprika waschen, halbieren, weiße Trennwände und Kerne entfernen und die Hälften in kleine Würfel schneiden. Zwiebel schälen und fein hacken. Jalapeños waschen, putzen und in dünne Ringe schneiden. Alle vorbereiteten Zutaten in einer Schüssel verrühren.

Das Koriandergrün abbrausen und trocken schütteln. Die Blätter abzupfen und klein hacken. Die Limetten halbieren und den Saft auspressen. Koriander, Limettensaft, Sojasauce, Honig und 1 TL Salz in die Schüssel zur Mango-Salsa geben und alles gut vermischen.

Tipp:

Am besten servierst du die Mango-Salsa und die Guacamole mit Tortilla-Chips oder Crudités.

ROTER HUMMUS MIT ZIEGENKÄSE

Diese leckere Spezialität aus Israel, hier verfeinert mit Roter Bete, macht einfach süchtig – egal ob als Brotaufstrich oder als Dip für Gemüsesticks. Fängst du einmal damit an, kannst du garantiert nicht mehr aufhören.

15 Min. Zubereitung · Pro Portion ca. 280 kcal, 10 g E, 17 g F, 20 g KH
Vegetarisch · Glutenfrei

FÜR 4 PERSONEN

- 2 kleine Rote Beten (vorgegart)
- 400 g Kichererbsen (aus dem Glas)
- 1 Knoblauchzehe
- 1 Zitrone
- 3 EL Tahin (Sesampaste)
- 2 EL Olivenöl
- ½ TL Paprikapulver
- ½ TL gemahlener Kreuzkümmel
- Salz, Pfeffer
- 40 g Ziegenkäsetaler
- 1 Stängel Petersilie
- 1 TL Sesam

1 Rote Bete würfeln und beiseitelegen. Kichererbsen abgießen, dabei 2 EL Flüssigkeit aus dem Glas auffangen. Die ganze Rote Bete, Kichererbsen und die aufgefangene Flüssigkeit in einen Mixer geben.

Den Knoblauch schälen und klein schneiden. Die Zitrone halbieren und den Saft auspressen. Knoblauch und Zitronensaft mit Tahin und Olivenöl ebenfalls in den Mixer geben. Alles mit Paprikapulver, Kreuzkümmel, Salz und Pfeffer würzen und glatt pürieren.

Den Hummus in eine Schüssel geben. Den Ziegenkäse zerkrümeln und mit den beiseitegelegten Rote-Bete-Würfeln darauf verteilen. Die Petersilie abbrausen, trocken schütteln und die Blätter abzupfen. Den Hummus mit Petersilie und Sesam garniert servieren.

Tipp:

Wer kein Fan von Rote Bete oder Ziegenkäse ist, kann beide Zutaten einfach weglassen.

SPINAT-FALAFEL

Falafel sind für mich ein Grundnahrungsmittel. Deswegen durfte dieses Rezept auch nicht fehlen. Es ist außerdem eine gute Gelegenheit, um Gemüse zu verstecken, ohne dass die kleinen Mäuse es herausschmecken.

20 Min. Zubereitung, 30 Min. Backen · Pro Portion ca. 195 kcal, 9 g E, 8 g F, 21 g KH
Vegan · Glutenfrei

FÜR 4 PERSONEN

- 450 g Kichererbsen (aus dem Glas)
- 150 g Blattspinat
- ½ Bund Petersilie
- 1 Schalotte
- 1 Knoblauchzehe
- 2 EL Olivenöl
- 1 TL Zitronensaft
- Salz
- 2 TL gemahlener Kreuzkümmel
- 1 TL geräuchertes Paprikapulver
- 50 g Kichererbsenmehl

Backofen auf 180° vorheizen. Ein Blech mit Backpapier auslegen. Die Kichererbsen in ein Sieb abgießen und gut abtropfen lassen, dabei 120 ml Flüssigkeit aus dem Glas auffangen. Die Kichererbsen in einen Mixer geben.

Den Spinat verlesen, waschen und trocken schleudern. Petersilie abbrausen und trocken schütteln. Schalotte und Knoblauch schälen und grob klein schneiden. Spinat, Petersilie, Schalotte und Knoblauch zu den Kichererbsen in den Mixer geben. Die aufgefangene Flüssigkeit, Olivenöl und Zitronensaft zufügen. Alles mit ½ TL Salz, Kreuzkümmel und Paprikapulver würzen und mit der Pulse-Funktion auf niedriger Stufe zu einem lockeren, noch leicht stückigen Teig pürieren.

Die Mischung in eine Schüssel geben und das Kichererbsenmehl unterheben. Mit feuchten Händen jeweils 1 EL Teig zu einem flachen Bällchen formen. Die Falafel auf dem Blech verteilen und im heißen Ofen (Mitte) 30 Min. backen. Nach 15 Min. wenden. Anschließend abkühlen lassen und servieren.

Super Strong

Tipp:

Die Falafel schmecken auch super als Salat-Topping. Dazu Dill-Dip (siehe S. 49) reichen.

SOFTDRINKS VERMEIDEN

Alle meine Kinder trinken nur Wasser – eine Tatsache, auf die ich sehr stolz bin. Denn erwiesenermaßen kann der übermäßige Konsum von zuckerhaltigen Säften und Softdrinks Karies und viele andere Krankheiten wie Diabetes oder Adipositas auslösen.

Wie ich es geschafft habe, dass meine Kinder diese Getränke ablehnen? Ganz einfach: Ich habe sie ihnen einfach nie angeboten. Vom Säuglingsalter an gab es bei uns immer nur Wasser. Ich habe ihnen nie die Möglichkeit gegeben, sich zu entscheiden.

3 TIPPS, WIE DU DIE TRINKGEWOHNHEITEN DEINES KINDES ÄNDERN KANNST

- Sei Vorbild: Unterschätze niemals, wie sehr sich deine Kinder an dir orientieren. Wenn du selber nur noch Wasser konsumierst und alle anderen Getränke aus deinem Kühlschrank verbannst, werden sich deine Kinder schnell an den neuen, gesunden Lebensstil gewöhnen.

- Bleib konsequent: Wenn du dich einmal dafür entschieden hast, bestimmte Getränke oder auch andere ungesunde Lebensmittel von deinem Speiseplan zu streichen, dann bleib dabei. Erinnere dich bei jedem Einkauf daran und lass deinen Kindern einfach gar nicht erst die Wahl.

- Verbote bringen gar nichts: Darüber, was bei dir zu Hause auf dem Tisch landet, hast du die Kontrolle. Du kannst allerdings nicht verhindern, dass deine Kinder unterwegs auch mit anderen Getränken in Berührung kommen. Mach einfach keine große Sache daraus. Lass sie ruhig alles probieren, damit sie ihre Neugier stillen können. Wenn sie nichts anderes gewöhnt sind als Wasser, wird ihnen die nach Chemie, Süßstoff und Koffein schmeckende Limo garantiert nicht schmecken.

VON MAMA ZU MAMA

So Good

ERFRISCHENDE WASSERMELONEN-MINZ-LIMONADE

10 Min. Zubereitung, 10 Min. Ziehen · Pro Portion ca. 100 kcal, 1 g E, 0 g F, 22 g KH
Vegetarisch · Glutenfrei

FÜR 4 PERSONEN

- ½ Wassermelone
- 40 g Honig
- 1 Zitrone
- 1 Bio-Limette
- ½ Bund Minze

Außerdem

- Eiswürfel zum Servieren

Die Wassermelonenhälfte schälen, das Fruchtfleisch würfeln und mit dem Honig in einen Mixer geben. Alles auf höchster Stufe fein pürieren. Das Wassermelonenpüree durch ein Sieb streichen, um etwaige Kerne zu entfernen. Anschließend das Püree in eine große Karaffe geben und mit 1 l Wasser aufgießen.

Die Zitrone halbieren, den Saft auspressen und in die Karaffe geben. Die Limette heiß waschen, trocknen und in dünne Scheiben schneiden. Die Minze abbrausen, trocken schütteln und die Blätter abzupfen. Limettenscheiben, Minzblätter und Eiswürfel zur Limonade geben und alles gut verrühren. Vor dem Servieren 5–10 Min. ziehen lassen.

Tipp:

Für Mamis und Papis empfehle ich an langen heißen Sommertagen einen kleinen Schuss Wodka in die Wassermelonen-Limonade zu geben. Dies kann Wunder bewirken!

GO GREEN SMOOTHIE

10 Min. Zubereitung · Pro Portion ca. 80 kcal, 3 g E, 3 g F, 12 g KH
Vegan · Glutenfrei

FÜR 4 PERSONEN
1 Zitrone
1 große Salatgurke
1 grüner Apfel
100 g Grünkohl
1 Stängel Minze
1 Stück Ingwer (1 ½ cm lang)
450 ml Kokoswasser
1 Handvoll Eiswürfel
1 EL Chia-Samen
1 TL Spirulina-Pulver

Die Zitrone halbieren und den Saft auspressen. Die Gurke schälen, putzen und grob würfeln. Den Apfel waschen, schälen, halbieren und vom Kerngehäuse befreien. Den Grünkohl waschen, trocknen und grob klein schneiden. Die Minze waschen, trocken tupfen und die Blätter abzupfen. Den Ingwer schälen.

Alle vorbereiteten Zutaten in einen Mixer geben. Das Kokoswasser mit Eiswürfeln, Chia-Samen und Spirulina zufügen. Alles auf höchster Stufe in 1–2 Min. glatt pürieren. Den grünen Smoothie auf Gläser verteilen und sofort genießen.

Tipp:

Man kann den Smoothie auch mit stillem Wasser zubereiten, aber Kokoswasser hat so viele Vorzüge, dass sich die Verwendung wirklich lohnt.

BEAUTY MIXED BERRY SMOOTHIE

10 Min. Zubereitung, 2 Std. Tiefkühlen · Pro Portion ca. 150 kcal, 4 g E, 4 g F, 24 g KH
Vegetarisch · Glutenfrei

FÜR 4 PERSONEN

- 2 Bananen
- 100 g Blattspinat
- 300 g TK-Beerenmischung (z. B. Himbeeren, Brombeeren, Heidelbeeren)
- 2 TL Goji-Beeren
- 2 TL Honig (optional)
- 500 ml Mandeldrink (selbst gemacht, siehe S. 24)

Außerdem

- Beeren zum Garnieren

Die Bananen schälen und in dünne Scheiben schneiden. Die Bananenscheiben nebeneinander auf einem kleinen Tablett verteilen und in ca. 2 Std. im Tiefkühlfach gefrieren lassen.

Den Spinat waschen, trocken schleudern und mit den gefrorenen Waldbeeren in einen Mixer geben. Die Bananenscheiben mit den Goji-Beeren zugeben. Honig (falls verwendet) und Mandeldrink zufügen und alles in 1 Min. cremig pürieren.

Den Beeren-Smoothie auf Gläser verteilen, mit frischen Beeren garnieren und sofort genießen.

Tipp:

Dieser Smoothie ist supergesund: Mandeldrink enthält viel Vitamin E, ein natürlicher Schutz für die Haut. Goji-Beeren sind reich an Antioxidantien und verlangsamen den Alterungsprozess.

GESUNDER ERDBEER-BANANEN-MILCHSHAKE

5 Min. Zubereitung · Pro Portion ca. 270 kcal, 5 g E, 12 g F, 33 g KH
Vegetarisch · Glutenfrei

FÜR 4 PERSONEN

- 3 Bananen
- 250 g TK-Erdbeeren
- 2 EL Honig
- 250 ml Mandeldrink (selbst gemacht, siehe S. 24)
- 200 g Kokosjoghurt (ungesüßt)
- ½ TL Vanilleextrakt

Außerdem

- Açai-Pulver zum Garnieren

Die Bananen schälen, halbieren und mit den gefrorenen Erdbeeren in einen Mixer geben. Honig, Mandeldrink, Kokosjoghurt und Vanilleextrakt zugeben und alles in 1–2 Min. auf höchster Stufe cremig pürieren.

Den Erdbeer-Bananen-Milchshake auf Gläser verteilen, mit Açai-Pulver garnieren und sofort servieren.

TROPICAL SMOOTHIE

5 Min. Zubereitung · Pro Portion ca. 120 kcal, 1 g E, 2 g F, 25 g KH
Vegan · Glutenfrei

FÜR 4 PERSONEN

- 1 große Banane
- 200 g Ananasstücke (aus dem Glas)
- 200 g TK-Mangowürfel
- ¼ Bund Koriandergrün
- 1 ½ TL Hanfsamen
- 400 ml Kokoswasser

Die Banane schälen und halbieren, die Ananasstücke abgießen. Banane, Ananas und gefrorene Mango in einen Mixer geben.

Koriander waschen, trocken schütteln, die Blätter abzupfen und zufügen. Hanfsamen und Kokoswasser ebenfalls in den Mixer geben und alles auf hoher Stufe glatt pürieren. Den Smoothie auf Gläser verteilen und sofort genießen.

Tipp:

Kokoswasser ist lecker und reich an Vitaminen und Mineralstoffen, insbesondere Kalium und Natrium. Damit ist es besonders an heißen Tagen ein guter Lieferant von Elektrolyten.

KAKAO-SMOOTHIE

10 Min. Zubereitung · Pro Portion ca. 420 kcal, 8 g E, 33 g F, 21 g KH
Vegan · Glutenfrei

FÜR 4 PERSONEN

- 2 Bananen
- 2 Avocados
- 6 Datteln
- 2 TL Chia-Samen
- 2 TL Hanfsamen
- 4 EL Kakaopulver (roh)
- 2 Handvoll Eiswürfel
- 500 ml Mandeldrink (selbst gemacht, siehe S. 24)
- 2 TL Mandelmus (selbst gemacht, siehe S. 28)

Die Bananen schälen und halbieren. Die Avocados halbieren, entkernen und das Fruchtfleisch aus der Schale lösen. Die Datteln waschen und entsteinen.

Die vorbereiteten Zutaten mit Chia- und Hanfsamen, Kakao, Eiswürfeln, Mandeldrink und Mandelmus in einen Mixer geben. Alles auf hoher Stufe cremig pürieren. Den Kakao-Smoothie auf Gläser verteilen, nach Belieben garnieren (siehe Tipp) und sofort genießen.

Tipp:

Die perfekte Alternative für Schokoholics – gesund, superlecker und nahrhaft! Du kannst den Smoothie nach Belieben mit Kakao-Nibs, Kokoschips oder weiteren Toppings garnieren.

Healthy Food

SALATE & SUPPEN

Eine mit Liebe gekochte Suppe wärmt von innen und macht satt und glücklich. In pürierter Form sind Suppen ein prima Versteck für Gemüse, außerdem lassen sie sich super einfrieren. An wärmeren Tagen ist ein bunter frisch-knackiger Salat die perfekte Wahl. Wenn deine Kinder besonders hungrig nach Hause kommen, kannst du ihn ganz nach Belieben mit gekochtem Ei, Hähnchenstreifen oder gebratenem Lachs anreichern.

Yummy!

CHICKEN CAESAR SALAD MIT KNUSPRIGEM GRÜNKOHL

Für mich ist ein Leben ohne Caesar Salad, meinen absoluten Lieblingssalat, unvorstellbar. Ich bin seit Jahren verrückt danach. Hier kommt meine Neuinterpretation mit Grünkohl – eine moderne und supergesunde Variante.

35 Min. Zubereitung · Pro Portion ca. 540 kcal, 32 g E, 43 g F, 6 g KH
Glutenfrei

FÜR 4 PERSONEN

Für das Dressing

- 4 frische Eigelb
- 1 Knoblauchzehe
- ½ Limette
- 1 EL Dijon-Senf
- 2 EL Apfelessig
- 2 EL geriebener Parmesan
- 6 EL Olivenöl

Für den Salat

- 12 Stängel Grünkohl
- 4 EL Olivenöl
- Salz, Pfeffer
- 350 g Romana-Salatherzen
- 100 g Blattspinat
- 50 g Pinienkerne
- 400 g Hähnchenbrustfilets

Für das Dressing die Eigelbe in eine Schüssel geben. Den Knoblauch schälen und durch eine Presse drücken. Die Limettenhälfte auspressen. Knoblauch, Limettensaft, Senf und Essig mit den Eigelben verrühren. Den Parmesan untermischen und dann nach und nach das Olivenöl unterschlagen, bis ein cremiges Dressing entstanden ist. Bis zur Verwendung kühl stellen.

Für den Salat den Backofen auf 150° vorheizen. Ein Backblech mit Backpapier auslegen. Den Grünkohl waschen, trocken schütteln, in mundgerechte Stücke teilen und in eine Schüssel geben. 2 EL Olivenöl und 1 Prise Salz und Pfeffer untermengen. Den Grünkohl auf dem Blech verteilen und in 10–15 Min. im heißen Ofen (Mitte) knusprig backen. Anschließend abkühlen lassen.

Inzwischen die Salatherzen putzen, in einzelne Blätter teilen, waschen, trocken schleudern, in Streifen schneiden und in eine große Schüssel geben. Spinat verlesen, waschen, trocken schleudern und zugeben. Pinienkerne in einer Pfanne goldbraun rösten und ebenfalls in die Schüssel geben. Drei Viertel vom Dressing untermischen. Den Salat auf Teller verteilen und den Grünkohl darauf anrichten.

Die Filets trocken tupfen und in 4 × 1 cm große Streifen schneiden. Das restliche Öl in einer Pfanne erhitzen und die Hähnchenstreifen darin 4–5 Min. braten, bis sie gar sind. Mit Salz und Pfeffer würzen und auf dem Salat verteilen. Den Caesar Salad mit dem restlichen Dressing beträufeln und sofort servieren.

Tipp:

Wer kein rohes Eigelb verwenden möchte, kann auch 4 Eier 5–7 Min. kochen. Anschließend abschrecken, pellen, das gestockte Eigelb herauslösen und unter das Dressing mixen.

Try it

Try it

QUINOA-TABOULEH

20 Min. Zubereitung · Pro Portion ca. 715 kcal, 20 g E, 34 g F, 77 g KH
Vegan · Glutenfrei

FÜR 4 PERSONEN

- 500 g Quinoa
- ½ rote Zwiebel
- 1 Tomate
- 1 Salatgurke
- 2 Avocados
- ½ Bund glatte Petersilie
- 5 Stängel Minze
- Salz, Pfeffer
- 1 TL gemahlener Kreuzkümmel
- 1 Zitrone
- 2 EL Olivenöl

Quinoa abspülen, dann in einem Topf mit 1 l Wasser bedecken und aufkochen. Die Hitze reduzieren und die Quinoa zugedeckt in ca. 15 Min. gar köcheln. Abgießen, abtropfen und in einer Schüssel abkühlen lassen.

Inzwischen die Zwiebelhälfte schälen und klein würfeln. Tomate waschen, putzen und in kleine Würfel schneiden. Gurke schälen, entkernen und fein würfeln. Avocados halbieren, entkernen, das Fruchtfleisch aus den Schalen lösen und klein würfeln. Petersilie und Minze abbrausen, trocken schütteln und die Blätter fein hacken. Alle vorbereiteten Zutaten mit der Quinoa mischen.

Das Tabouleh mit Salz, Pfeffer und Kreuzkümmel würzen. Die Zitrone halbieren und den Saft auspressen. Olivenöl und Zitronensaft mit dem Tabouleh mischen.

Tipp:

Wer mag, toppt den Salat noch mit einer Handvoll fein gehackter Walnusskerne.

CHOPPED SALAD

Chop Chop

20 Min. Zubereitung · Pro Portion ca. 620 kcal, 21 g E, 52 g F, 14 g KH
Vegetarisch · Glutenfrei

FÜR 4 PERSONEN

- 3 Eier
- 1 Eisbergsalat
- 3 Tomaten
- 1 rote Paprika
- 1 Salatgurke
- 1 Möhre
- ½ rote Zwiebel
- 200 g Kichererbsen (aus dem Glas)
- 2 Avocados
- 150 g Cheddar
- Salz, Pfeffer
- ½ TL getrockneter Oregano
- ½ Zitrone
- 2 EL Apfelessig
- 1 EL Senf
- 4 EL Olivenöl

Die Eier ca. 7 Min. kochen, dann abschrecken, pellen und fein hacken. Inzwischen den Salat putzen, waschen, trocken schleudern und klein schneiden. Tomaten waschen, putzen und fein würfeln. Paprika waschen, halbieren, weiße Trennwände und Kerne entfernen und die Hälften würfeln. Gurke schälen, entkernen und würfeln. Möhre und Zwiebel schälen und würfeln.

Die Kichererbsen abtropfen lassen. Die Avocados halbieren, entkernen, das Fruchtfleisch auslösen und würfeln. Cheddar in feine Würfel schneiden. Alle vorbereiteten Zutaten in einer Schüssel vermengen. Mit Salz, Pfeffer und Oregano würzen.

Die Zitronenhälfte auspressen. Zitronensaft, Essig, Senf und 1 Prise Salz und Pfeffer verrühren. Das Öl unterschlagen. Das Dressing unter den Salat heben.

MAMAS GESUNDER NUDELSALAT

Frisch, bunt, lecker und mit vielen gesunden Zutaten ist dieser Nudelsalat die perfekte Beilage für Grillabende im Sommer. Von meinen Kindern wird er aber auch gern als Hauptgericht eingefordert – in jeder Jahreszeit.

30 Min. Zubereitung · Pro Portion ca. 535 kcal, 25 g E, 10 g F, 86 g KH
Vegetarisch

FÜR 4 PERSONEN

Für den Salat

- 450 g Vollkornnudeln (z. B. Spirelli oder Farfalle)
- Salz
- 100 g TK-Erbsen
- 100 g Räuchertofu
- 1 EL Olivenöl
- 4 Gewürzgurken (aus dem Glas)
- 1 rote Paprika
- 1 Tomate
- 100 g Mais (aus der Dose)

Für das Dressing

- 5 EL Mandeldrink (ungesüßt, selbst gemacht, siehe S. 24)
- 2 EL Kokosjoghurt (ungesüßt)
- Salz, Pfeffer
- ½ Bund Schnittlauch

Für den Salat die Nudeln in einem Topf mit kochendem Salzwasser nach Packungsanweisung bissfest garen. Anschließend die Pasta abgießen, kalt abschrecken, abtropfen lassen und in eine Schüssel geben. Die Erbsen in einem zweiten Topf in kochendem Salzwasser 1–2 Min. blanchieren, dann ebenfalls kalt abschrecken und zu den Nudeln geben.

Den Tofu in Würfel schneiden. Olivenöl in einer Pfanne erhitzen und den Tofu 2–3 Min. bei mittlerer Hitze anbraten. Die Gewürzgurken abtropfen lassen und fein würfeln. 4 EL Gurkenwasser aus dem Glas entnehmen und für das Dressing beiseitestellen. Paprika waschen, halbieren, weiße Trennwände und Kerne entfernen und die Hälften in kleine Würfel schneiden. Die Tomate waschen, putzen und ebenfalls würfeln. Den Mais abtropfen lassen. Alle vorbereiteten Zutaten in der Schüssel mit den Nudeln vermengen.

In einer zweiten Schüssel Mandeldrink, Kokosjoghurt und das beiseitegestellte Gurkenwasser verrühren und kräftig mit Salz und Pfeffer würzen. Den Schnittlauch abbrausen, trocken schütteln, in feine Röllchen schneiden und unter das Dressing mischen. Dann das Dressing unter den Nudelsalat heben.

Tipp:

Nach Belieben 2 Eier hart kochen, pellen, in Scheiben schneiden und auf dem Salat anrichten.

ROTE-BETE-AVOCADO-SALAT

Ich bin ein großer Fan von Roter Bete. In diesem sommerlichen, erfrischenden Salat macht sie eine besonders gute Figur! Die perfekte leichte Vorspeise an warmen Tagen.

20 Min. Zubereitung · Pro Portion ca. 530 kcal, 11 g E, 46 g F, 18 g KH
Vegetarisch · Glutenfrei

FÜR 4 PERSONEN

Für den Salat

- 4 große Rote Beten
- 2 Avocados
- 2 Blutorangen (ersatzweise Orangen)
- 1 Bund Schnittlauch
- 100 g Schafskäse (Feta)
- 50 g Walnusskerne
- 2 TL Chia-Samen

Für das Dressing

- 1 Zitrone
- ½ Blutorange (ersatzweise Orange)
- 2 EL Apfelessig
- ½ TL Dijon-Senf
- 4 EL Walnussöl (ersatzweise Olivenöl)
- Salz, Pfeffer

Für den Salat die Roten Beten schälen und mit einem Gemüsehobel oder scharfen Messer in hauchdünne Scheiben hobeln. Die Rote-Bete-Scheiben auf vier Tellern kreisförmig auslegen.

Die Avocados halbieren, entkernen, das Fruchtfleisch aus den Schalen lösen und in dünne Scheiben schneiden. Die Blutorangen schälen, dabei die Früchte auch von der weißen Haut befreien und in möglichst feine Scheiben schneiden. Die Avocado- und Orangenscheiben auf der Roten Bete verteilen.

Schnittlauch waschen, trocken schütteln und in feine Röllchen schneiden. Den Schafskäse zerbröseln, die Walnüsse hacken. Den Rote-Bete-Avocado-Salat mit Schnittlauch, Schafskäse, Walnüssen und je ½ TL Chia-Samen bestreuen.

Für das Dressing die Zitrone halbieren und den Saft auspressen. Die Blutorangenhälfte ebenfalls auspressen. Beide Säfte in eine Schüssel geben. Apfelessig und Senf zufügen und alles mit einer Gabel verquirlen. Das Walnussöl gründlich unterschlagen und das Dressing mit Salz und Pfeffer abschmecken. Den Salat mit dem Dressing beträufeln.

I love this Mom!

OBST UND GEMÜSE SCHMACKHAFT MACHEN

Kinder dazu zu bewegen, täglich zu Obst und Gemüse zu greifen, kann anstrengend sein – vor allem, wenn sie es nicht von klein auf gewöhnt sind. Ich kann nicht oft genug betonen, wie wichtig es ist, von Beginn an auf eine gesunde Ernährung zu achten.

Als meine Kinder anfingen, feste Nahrung zu essen, habe ich ihnen immer und immer wieder Rohkost und geschnittenes Obst vorgesetzt – und eben nicht den Cracker, der vielleicht einfacher zu greifen gewesen wäre. Die Zeit, die ich damals investiert habe, hat mir später viele Sorgen erspart. Denn auch heute noch haben meine Kinder einen natürlichen Appetit auf Obst und Gemüse. Einige meiner Freunde machen sich darüber lustig, wenn sie statt eines Lollis einen Möhrenstab verlangen.

3 TIPPS, WIE DU DEIN KIND FÜR OBST UND GEMÜSE BEGEISTERN KANNST

- Nutze die Macht der Gewohnheit: Wenn du Obst und Gemüse ganz selbstverständlich tagtäglich in deinen Speiseplan integrierst, werden auch deine Kinder anfangen, beides zu essen und zu genießen. Noch leichter wird es ihnen fallen, wenn du ihnen hier ein gutes Vorbild bist.

- Tricks sind erlaubt: Sei kreativ, wenn es darum geht, deinen Kindern Obst und Gemüse unterzujubeln. Der Mixer kann hierbei zu deinem besten Helfer werden! In diesem Buch finden sich viele Rezepte, die supergesund sind, ohne dass es deine Kinder merken.

- Lass deine Kinder teilhaben: Wann immer es geht, beziehe sie beim Einkaufen und Kochen mit ein. Je mehr Kontakt sie zu gesunden Lebensmitteln haben und je größer ihr Bewusstsein hierfür wird, desto weniger wird sich Obst und Gemüse für sie fremd anfühlen.

VON MAMA ZU MAMA

GRÜNE SUPPE MIT PESTO UND RISONI

Als Kind habe ich wegen dieser Suppe viele Kämpfe mit meiner Mutter geführt. Deshalb wollte ich das leckere Rezept, das voller Gemüse und wichtiger Nährstoffe steckt, von Anfang an in den Alltag meiner Kinder integrieren. Heute lieben alle in meiner Familie die grüne Suppe so sehr, dass sie problemlos und gerne gegessen wird. Mit etwas Pasta, Pesto und Olivenöl schmeckt sie noch besser.

40 Min. Zubereitung · Pro Portion ca. 380 kcal, 13 g E, 11 g F, 56 g KH

FÜR 4 PERSONEN

- ½ Zwiebel
- 1 Knoblauchzehe
- 1 TL Kokosöl
- ½ Bund Frühlingszwiebeln
- ½ Stange Lauch
- 2 Möhren
- 1 Kartoffel
- 2 Stangen Staudensellerie
- 50 g Grünkohl
- 1 Zucchino
- ½ Brokkoli
- 50 g Blattspinat
- 50 g TK-Erbsen
- Salz, Pfeffer
- ½ TL getrockneter Oregano
- 4 Blätter Basilikum
- 1 l Gemüsebrühe (selbst gemacht, siehe S. 39)

Außerdem

- 250 g Risoni
- 4 TL Pesto (selbst gemacht, siehe S. 42)
- Olivenöl zum Beträufeln

Zwiebelhälfte und Knoblauch schälen, klein würfeln und in einem großen Topf im Kokosöl bei mittlerer Hitze andünsten. Inzwischen Frühlingszwiebeln und Lauch putzen, waschen und in Scheiben schneiden. Möhren schälen und putzen, Kartoffel schälen und waschen. Beides würfeln. Frühlingszwiebeln, Lauch, Möhren und Kartoffel in den Topf geben und mitdünsten.

Den Sellerie, Grünkohl und Zucchino waschen, putzen und klein schneiden. Brokkoli waschen, putzen und in kleine Röschen teilen. Den Spinat verlesen, waschen und trocken schleudern. Das vorbereitete Gemüse mit den Erbsen ebenfalls in den Topf geben. Alles einmal umrühren, dann mit Salz, Pfeffer und Oregano würzen. Das Basilikum waschen und zugeben.

Die Gemüsebrühe angießen und bei großer Hitze 5 Min. kochen. Die Temperatur reduzieren und die Suppe 20–25 Min. köcheln lassen.

Inzwischen die Risoni in einem kleinen Topf nach Packungsanweisung al dente garen. Anschließend in ein Sieb abgießen. Die fertige Suppe in einem Mixer oder mit dem Pürierstab fein pürieren. Dann mit den Risoni auf Teller verteilen und mit je 1 TL Pesto und 1 Schuss Olivenöl beträufelt servieren.

KÜRBISSUPPE

Diese Suppe schmeckt einfach jedem. Das i-Tüpfelchen ist das steirische Kürbiskernöl. Fun Fact: Ich schmuggle davon seit Jahren nach jedem Besuch in Österreich mindestens 1–2 Flaschen in die USA.

30 Min. Zubereitung · Pro Portion ca. 325 kcal, 6 g E, 15 g F, 43 g KH
Vegan

FÜR 4 PERSONEN

- 1 kg Hokkaido-Kürbis
- 1 Zwiebel
- 1 Knoblauchzehe
- 2 EL Sonnenblumenöl
- 2 EL Sojasauce (salzreduziert)
- 15 g Ingwer
- 1 TL gemahlene Kurkuma
- 1 TL gemahlener Kreuzkümmel
- ½ TL Zimtpulver
- Salz, Pfeffer
- 2 Orangen
- 1 l Gemüsebrühe (selbst gemacht, siehe S. 39)

Außerdem

- 2 EL Kürbiskerne
- 8 Stängel Thymian
- Steirisches Kürbiskernöl zum Beträufeln
- 4 TL Kokosmilch (selbst gemacht, siehe S. 26)

Den Kürbis waschen, putzen und in 2 cm große Würfel schneiden. Zwiebel und Knoblauch schälen und klein schneiden. Das Öl in einem großen Topf erhitzen. Zwiebel und Knoblauch zugeben, mit Sojasauce beträufeln und kurz bei mittlerer Hitze andünsten. Dann den Kürbis zufügen und ein paar Min. mitbraten.

Den Ingwer schälen, würfeln und in den Topf geben. Alles mit Kurkuma, Kreuzkümmel, Zimt, Salz und Pfeffer würzen. Die Orangen halbieren, den Saft auspressen und das Gemüse damit ablöschen. Die Brühe und 200 ml Wasser angießen, alles aufkochen und ca. 20 Min. bei mittlerer Hitze köcheln lassen.

Die Suppe vom Herd nehmen und 2 Min. abkühlen lassen. Dann mit dem Pürierstab oder im Mixer fein pürieren. Die Kürbiskerne kurz in einer Pfanne anrösten. Den Thymian abbrausen und trocken schütteln. Die Suppe mit Salz und Pfeffer abschmecken und auf Teller verteilen. Mit Kürbiskernen bestreuen, mit Kürbiskernöl und Kokosmilch beträufeln und mit Thymian garniert servieren.

GAZPACHO

20 Min. Zubereitung · Pro Portion ca. 155 kcal, 5 g E, 7 g F, 18 g KH
Vegetarisch

FÜR 4 PERSONEN

- 1 kg Tomaten
- 2 Knoblauchzehen
- 1 Zwiebel
- 1 rote Paprika
- 1 Salatgurke
- 1 Zitrone
- 2 Scheiben Vollkorn-Toastbrot
- 2 EL Olivenöl
- 4 TL Rotweinessig
- 1 Prise Cayennepfeffer
- 1 EL Paprikapulver
- ½ TL Honig
- 8 Stängel Basilikum
- Salz, Pfeffer

Die Tomaten am Stielansatz kreuzweise einschneiden und in kochendem Wasser kurz blanchieren. Dann sofort abschrecken, häuten und klein schneiden. Knoblauch und Zwiebel schälen und würfeln. Paprika waschen, halbieren, weiße Trennwände und Kerne entfernen und die Hälften würfeln. Die Gurke schälen, putzen, entkernen und klein schneiden. Die Zitrone halbieren und den Saft auspressen. Alle vorbereiteten Zutaten in einen Mixer geben.

Das Toastbrot entrinden, ca. 5 Min. in lauwarmem Wasser einweichen. Anschließend ausdrücken und zum Gemüse geben. Öl, Essig, Cayennepfeffer, Paprikapulver und Honig zufügen und alles fein pürieren. Währenddessen nach und nach ca. 250 ml Wasser zugießen, bis die Gazpacho die gewünschte Konsistenz hat. Das Basilikum abbrausen, trocken schütteln und die Blätter abzupfen. Die Gazpacho mit Salz und Pfeffer abschmecken und mit Basilikumblättern garniert servieren.

MINESTRONE

50 Min. Zubereitung · Pro Portion ca. 380 kcal, 13 g E, 7 g F, 62 g KH
Vegan

FÜR 4 PERSONEN

- 4 Möhren
- 1 Zwiebel
- 2 Knoblauchzehen
- 2 EL Olivenöl
- 2 Stangen Staudensellerie
- 2 Zucchini
- 2 Tomaten
- 1 Kartoffel
- 2 Handvoll Blattspinat
- 100 g Kidneybohnen (aus der Dose)
- 2 EL Tomatenmark
- 1 ½ l Gemüsebrühe (selbst gemacht, siehe S. 39)
- Salz, Pfeffer
- 250 g Buchstabennudeln
- 8 Blätter Basilikum

Möhren, Zwiebel und Knoblauch schälen, fein würfeln und im Öl in einem Topf bei mittlerer Hitze andünsten. Staudensellerie, Zucchini und Tomaten waschen, putzen und klein würfeln. Kartoffel schälen, waschen und fein würfeln. Spinat verlesen, waschen, trocken schleudern und hacken. Bohnen abgießen. Alles in den Topf geben und ein paar Min. mitdünsten. Tomatenmark kurz mitrösten.

Brühe angießen, alles mit Salz und Pfeffer würzen und aufkochen. Die Temperatur reduzieren und die Minestrone 20–25 Min. offen köcheln lassen. Inzwischen die Nudeln nach Packungsanweisung in Salzwasser bissfest garen, abgießen und abtropfen lassen. Die Suppe mit den Nudeln auf Teller verteilen und mit Basilikum garniert servieren.

INDISCHER LENTIL DAL

Ich hatte schon immer eine Schwäche für indisches Essen – egal ob Tikka Masala oder Curry. Alle meine Kinder mögen es gerne leicht scharf. Vielleicht liegt das daran, dass ich sie schon sehr früh habe alles probieren lassen. Um möglichst viel Abwechslung in unsere Küche zu bringen, versuche ich mindestens zweimal im Monat indisch zu kochen. Dies ist eins unserer Lieblingsrezepte.

35 Min. Zubereitung · Pro Portion ca. 795 kcal, 23 g E, 41 g F, 75 g KH
Vegetarisch

FÜR 4 PERSONEN

- 1 Zwiebel
- 2 Knoblauchzehen
- 2 Möhren
- 2 TL Ghee
- 2 Tomaten
- 100 g Kichererbsen (aus dem Glas)
- 200 g grüne Linsen
- je 1 TL Currypulver, gemahlener Kreuzkümmel, Garam Masala und Paprikapulver
- je ½ TL gemahlener Ingwer und Senfsamen
- Salz, Pfeffer
- ¼ Bund Koriandergrün
- 400 g Kokosmilch (selbst gemacht, siehe S. 26)
- 200 ml Gemüsebrühe (selbst gemacht, siehe S. 39)
- 2 EL Sojasauce (salzreduziert)

Außerdem

- 200 g Vollkorn-Basmati-Reis
- 1 Avocados
- 1 Bio-Limette
- 4 EL Kokosjoghurt (ungesüßt)
- 4 Prisen Chiliflocken (optional)

Zwiebel, Knoblauch und Möhren schälen und in kleine Würfel schneiden. Ghee in einem großen Topf erhitzen. Zwiebel, Knoblauch und Möhren darin bei mittlerer Hitze andünsten. Die Tomaten waschen, putzen, fein würfeln und mitdünsten. Kichererbsen und Linsen abgießen und gründlich abspülen. Dann beides unter das Gemüse mischen.

Alles mit Currypulver, gemahlenem Kreuzkümmel, Garam Masala, Paprikapulver, Ingwerpulver, Senfsamen, Salz und Pfeffer würzen. Die Hitze reduzieren und immer wieder umrühren. Koriander abbrausen, trocken schütteln, die Blätter klein hacken und in den Topf geben. Dann Kokosmilch, Gemüsebrühe und Sojasauce zugeben, alles aufkochen und 15–20 Min. unter Rühren köcheln lassen.

Inzwischen den Reis nach Packungsanweisung in kochendem Salzwasser bissfest garen. Avocados halbieren, entkernen, das Fruchtfleisch aus den Schalen lösen und in Scheiben schneiden. Limette heiß waschen, trocknen und vierteln.

Den Reis abgießen, auf Teller verteilen und mit dem Lentil Dal anrichten. Alles mit Avocadoscheiben, Limettenvierteln, Kokosjoghurt und nach Belieben mit Chiliflocken garnieren und sofort servieren.

Tipp:

Der Reis kann auch durch Quinoa ersetzt werden.

Mom Knows Best

Yes Please!

TOM KHA GAI

Diese sehr berühmte thailändische Kokossuppe erfordert zwar einen Besuch im Asienladen, doch der Aufwand lohnt sich! Das Rezept kann nach Belieben variiert werden – ob vegetarisch, mit Hühnchen oder mit Garnelen zubereitet, die Suppe ist garantiert immer ein voller Erfolg.

30 Min. Zubereitung · Pro Portion ca. 660 kcal, 37 g E, 49 g F, 15 g KH
Glutenfrei

FÜR 4 PERSONEN

- 5 Stängel Zitronengras
- 1 Stück Galgant (7 cm lang, Asienladen, ersatzweise Ingwer)
- 2 kleine Chilischoten
- 2 Schalotten
- 1 Bund Frühlingszwiebeln
- 100 g Baby-Maiskolben (aus dem Glas)
- 250 ml Hühnerbrühe (selbst gemacht, siehe S. 37)
- 800 g Kokosmilch (selbst gemacht, siehe S. 26, oder aus der Dose)
- 5 EL Fischsauce
- 7 getrocknete Kaffir-Limettenblätter (Asienladen)
- 500 g Hähnchenbrustfilets
- 250 g Champignons
- 2 kleine Limetten
- 4 Stängel Koriandergrün
- 4 TL Sesam

Zitronengras waschen, putzen, in 4 cm lange Stücke schneiden und mit dem Messerrücken andrücken. Galgant schälen und grob in Scheiben schneiden. Chilischoten waschen, putzen und halbieren. Die Schalotten schälen und fein würfeln. Die Frühlingszwiebeln waschen, putzen und in 3 cm lange Stücke schneiden. Die Baby-Maiskolben abgießen und abtropfen lassen.

Die Hühnerbrühe in einen großen Topf geben und erhitzen. Kokosmilch und Fischsauce unterrühren. Die vorbereiteten Zutaten mit den Kaffir-Limettenblättern zugeben und alles bei mittlerer Hitze ein paar Min. köcheln lassen.

Inzwischen die Filets trocken tupfen und in 3 cm große Würfel schneiden. Champignons putzen und je nach Größe vierteln oder achteln. Das Fleisch in den Topf geben und in ca. 5 Min. gar köcheln lassen. In den letzten 2 Min. die Pilze zufügen. Galgant, Kaffir-Limettenblätter und Zitronengras entfernen.

Die Limetten halbieren und den Saft auspressen. Koriander abbrausen, trocken schütteln und die Blätter abzupfen. Die Suppe auf Teller verteilen, mit Limettensaft beträufeln, mit Sesam bestreuen und mit Koriander garniert servieren.

Tipp:

Wer die Suppe als sättigendes Hauptgericht servieren möchte, kann dazu Reis als Beilage reichen.

It's Cooking
Time

HAUPTGERICHTE & BEILAGEN

Meine Mäuse sollen nicht das Gefühl haben, dass sie die »klassischen« Kindergerichte wie Fischstäbchen, Chicken Nuggets, Mac & Cheese oder Pizza verpassen, die alle ihre Freunde essen. Deshalb habe ich hiervon bekömmlichere Versionen entwickelt, die nicht nur den Kleinsten schmecken. Auch bei den Beilagen gibt es unzählige Möglichkeiten, kreativ zu werden – zum Beispiel werden Zucchini, Möhren & Co. superleicht zu gesunden bunten Pommes!

DINKEL-CHICKEN-NUGGETS

Meine Kinder sind verrückt nach *Chicken Nuggets*! Da ich es leid war, ihnen immer wieder ungesundes, frittiertes Essen vorzusetzen, musste eine gesündere Variante her. So ist dieses Rezept entstanden, das glücklicherweise sehr gut ankommt.

20 Min. Zubereitung, 4 Std. Marinieren, 20 Min. Backen · Pro Portion ca. 385 kcal, 40 g E, 13 g F, 27 g KH

FÜR 4 PERSONEN

- 500 g Hähnchenbrustfilets
- Salz, Pfeffer
- 250 ml Dill-Gurken-Wasser (aus dem Glas)
- 2 Eier
- 50 ml Mandeldrink (ungesüßt, selbst gemacht, siehe S. 24)
- 50 g gemahlene Mandeln
- 1 TL Allzweck-Gewürzmischung (siehe S. 52)
- 150 g Dinkelflakes (ersatzweise Vollkorn-Cornflakes)

Die Hähnchenbrustfilets trocken tupfen und in ca. 4 cm große Stücke schneiden. Mit Salz und Pfeffer würzen. Die Hähnchenstücke in einen Gefrierbeutel geben und das Gurkenwasser zufügen. Alles gut vermischen. Das Fleisch mindestens 4 Std. im Kühlschrank marinieren.

Den Backofen auf 180° vorheizen. Ein Backblech mit Backpapier auslegen. Die Nuggets trocken tupfen. Die Eier aufschlagen und in eine Schüssel geben. Den Mandeldrink zufügen und beides mit einer Gabel gut verquirlen. Die Mandeln in eine zweite Schüssel geben und mit der Gewürzmischung vermengen. Die Dinkelflakes in einem Mixer zerkleinern oder in einen Gefrierbeutel geben und mit dem Nudelholz fein zerstoßen. Dann in eine separate Schüssel füllen.

Die Nuggets zunächst in der Schüssel mit den Mandeln von allen Seiten wenden, dann durch die Eimischung ziehen. Zuletzt die Nuggets in den zerkleinerten Dinkelflocken wälzen, bis die Panade gut haftet. Anschließend die Nuggets auf dem Backblech verteilen und im heißen Ofen (Mitte) ca. 15 Min. backen. Nach der Hälfte der Backzeit wenden. Dann die Temperatur auf 220° erhöhen und die Nuggets in weiteren 5 Min. goldbraun und knusprig backen.

Tipp:

Dazu am besten Ketchup (siehe S. 46) oder vegane Mayo (siehe S. 47) servieren.

Big Burger!
Opps

KUBANISCHER CHEESEBURGER

Eines meiner interessantesten Reiseziele war definitiv Kuba. Die Lebensfreude der Einheimischen ist einfach ansteckend. Obwohl ich in den USA lebe, bekam ich meinen besten Burger in Havanna vorgesetzt. Dieses Rezept macht mir jedes Mal gute Laune, da es mich an meine Zeit in Kuba erinnert.

25 Min. Zubereitung · Pro Portion ca. 860 kcal, 51 g E, 53 g F, 37 g KH

FÜR 4 PERSONEN

Für die Pattys

- 600 g Rinderhackfleisch
- 1 Ei
- 2 EL Vollkorn-Semmelbrösel
- 1 TL Ketchup (selbst gemacht, siehe S. 46)
- 1 TL Dijon-Senf
- 1 TL geräuchertes Paprikapulver
- 1 TL gemahlener Kreuzkümmel
- Salz, Pfeffer
- 1 Zwiebel
- 1 Knoblauchzehe
- ½ grüne Paprika
- ½ Bund Petersilie
- 2 TL Avocadoöl

Für die Burger

- 4 Vollkorn-Hamburger-Brötchen
- 4 EL Mayonnaise (selbst gemacht, siehe S. 47)
- 4 Blätter Eichblattsalat
- ½ Tomate
- 4 Scheiben Cheddar

Für die Pattys das Rinderhackfleisch in eine Schüssel geben. Das Ei aufschlagen und mit Semmelbröseln, Ketchup und Senf zugeben. Alles mit Paprikapulver, Kreuzkümmel, Salz und Pfeffer kräftig würzen.

Zwiebel und Knoblauch schälen und fein würfeln. Paprika waschen, weiße Trennwände und Kerne entfernen und die Hälfte ebenfalls fein würfeln. Die Petersilie abbrausen, trocken schütteln und fein hacken.

1 TL Avocadoöl in einer Pfanne erhitzen und Zwiebel, Knoblauch und Paprika darin 3–4 Min. bei mittlerer Hitze andünsten. Kurz abkühlen lassen, die Petersilie unterrühren und die Mischung zum Fleisch geben. Alles mit den Händen gut durchkneten, dann aus der Hackmasse vier flache Pattys formen. Das restliche Öl in der Pfanne erhitzen und die Pattys bei mittlerer Hitze in 3–4 Min. pro Seite goldbraun braten.

Inzwischen für die Burger die Brötchen halbieren und die Schnittflächen mit Mayonnaise bestreichen. Die Salatblätter waschen und trocken tupfen. Die Tomatenhälfte waschen, putzen und in Scheiben schneiden. Die unteren Brötchenhälften mit Salat, Tomatenscheiben, Pattys und Cheddar belegen. Dann die oberen Hälften obenauf setzen. Die Burger sofort servieren.

Tipp:

Du kannst die Cheeseburger nach Belieben mit weiteren Zutaten toppen: Wie wäre es mit gegrillten Zucchinischeiben, Zwiebelringen und Kresse?

»MEINE KLEINEN SOLLEN NICHT DAS GEFÜHL HABEN, DASS SIE DIE KLASSISCHEN KINDERGERICHTE WIE FISCHSTÄBCHEN, CHICKEN NUGGETS, MAC & CHEESE ODER PIZZA VERPASSEN.«

CHICKEN YUCA TACO

Bei uns ist jeden Dienstag *Taco Tuesday* – eine großartige Gelegenheit, um der Kreativität freien Lauf zu lassen. Denn jeder kann seine eigenen Tacos mit persönlichen Lieblingsbelägen immer neu zusammenstellen. Die Tortillas aus Maniokmehl geben dem Rezept den Namen. Das Mehl ist gluten- und nussfrei, steckt voller Vitamin C und hilft, nach körperlichen Aktivitäten wieder Energie zu tanken.

35 Min. Zubereitung · Pro Portion ca. 590 kcal, 41 g E, 34 g F, 30 g KH
Glutenfrei

FÜR 4 PERSONEN

Für das Hühnchen

- 2 EL Avocadoöl
- 750 g Geflügelhackfleisch
- 1 kleine Zwiebel
- 1 rote Paprika
- 2 EL Tomatenmark
- 100 g passierte Tomaten (aus dem Tetrapak)
- 1 TL Paprikapulver
- 1 TL gemahlene Kurkuma
- ½ TL Knoblauchpulver
- Salz, Pfeffer

Für die Tortillas

- 140 g Maniokmehl (ersatzweise Dinkelmehl)
- Salz
- ¼ TL Knoblauchpulver
- 3 EL Olivenöl

Außerdem

- Olivenöl zum Ausbacken
- 4 EL Kurkuma-Guacamole (siehe S. 84)

Für das Hühnchen 1 EL Avocadoöl in einer Pfanne erhitzen. Das Hackfleisch zugeben und bei mittlerer Hitze so lange braten, bis es leicht gebräunt und gar ist.

Inzwischen die Zwiebel schälen und in kleine Würfel schneiden. Paprika waschen, halbieren, weiße Trennwände und Kerne entfernen und die Hälften fein würfeln. Das restliche Öl in einer zweiten großen Pfanne erhitzen und Zwiebel und Paprikawürfel ein paar Min. bei mittlerer Hitze andünsten. Das gegarte Fleisch unter das Gemüse mischen. Tomatenmark einrühren und kurz anrösten, dann die passierten Tomaten untermischen. Mit Paprikapulver, Kurkuma, Knoblauchpulver, Salz und Pfeffer würzen. Alles bei niedriger Hitze 10–15 Min. köcheln lassen, dabei immer wieder umrühren.

Für die Tortillas Mehl, ½ TL Salz und Knoblauchpulver in eine Schüssel geben. Öl und 140 ml warmes Wasser zugeben und alles mit den Händen zu einem glatten Teig kneten. Den Teig in vier gleich große Portionen teilen und jeweils zu einer Kugel formen. Die Kugeln einzeln zwischen zwei Bögen Backpapier legen und mit der Hand platt drücken. Dann den Teig mit einem Nudelholz zu einem Kreis mit 15–18 cm Durchmesser ausrollen.

Etwas Olivenöl in einer Pfanne erhitzen und die Tortillas nacheinander in 1–2 Min. pro Seite ausbacken. Die Tortillas mit dem Fleisch füllen und mit je 1 EL Guacamole toppen. Nach Belieben mit Tomaten- oder Paprikawürfel, Bohnen, geriebenem Käse und frischen Kräutern bestreuen und servieren.

ASIATISCHE SALAT-WRAPS MIT PUTE

25 Min. Zubereitung · Pro Portion ca. 410 kcal, 26 g E, 28 g F, 12 g KH
Glutenfrei

FÜR 4 PERSONEN

Für die Wraps

- 350 g Möhren
- 1 rote Paprika
- 2 Frühlingszwiebeln
- 500 g Putenhackfleisch
- 2 EL Avocadoöl
- Salz, Pfeffer
- 4 große Blätter Kopfsalat
- 1 Avocado

Für die Marinade

- 4 EL Kokos-Aminos-Würzsauce (Onlinehandel)
- 1 EL Apfelessig
- 1 EL Mandelmus
- 1 TL Ingwerpulver
- 2 TL Sesamöl
- 1 EL Limettensaft

Für die Wraps Möhren schälen und klein würfeln. Die Paprika waschen, halbieren, weiße Trennwände und Kerne entfernen und die Hälften klein würfeln. Die Frühlingswiebeln waschen, putzen und hacken. Das Fleisch in einer Pfanne in 1 EL Öl bei mittlerer Hitze 3–4 Min. anbraten. Herausnehmen. Das Gemüse im restlichen Öl 3–4 Min. anbraten, das Fleisch wieder zugeben und alles weitere 3–4 Min. braten. Salzen und pfeffern.

Inzwischen für die Marinade alle Zutaten verrühren und zur Fleisch-Gemüse-Mischung geben. 2 Min. mitbraten.

Die Salatblätter waschen und trocken tupfen. Die Avocado halbieren, entsteinen, das Fruchtfleisch aus der Schale lösen und würfeln. Salatblätter mit Hackmischung und Avocado füllen. Die Wraps nach Belieben mit Koriander garnieren.

Tipp:
Kokos-Aminos-Würzsauce wurde aus fermentiertem Kokosblütennektar hergestellt und hat einen herzhaften Geschmack mit einer leichten Karamellnote.

ITALIENISCHE SALAT-WRAPS MIT THUNFISCH

25 Min. Zubereitung · Pro Portion ca. 475 kcal, 40 g E, 18 g F, 33 g KH

FÜR 4 PERSONEN

- 500 g Thunfisch (aus der Dose)
- ½ Zitrone
- 1 EL Mayonnaise (selbst gemacht, siehe S. 47)
- 4 EL Pesto (selbst gemacht, siehe S. 42)
- ½ rote Zwiebel
- 6 Kalamata-Oliven (entsteint)
- 6 getrocknete Tomaten
- Salz, Pfeffer
- 50 g Mozzarella
- 4 Blätter Kopfsalat
- 4 große Tortillas

Thunfisch abgießen und in eine Schüssel geben. Die Zitronenhälfte auspressen. Zitronensaft, Mayonnaise und Pesto zum Fisch geben und alles vorsichtig miteinander vermischen.

Die Zwiebelhälfte schälen und in kleine Würfel schneiden. Die Oliven ebenfalls fein würfeln. Die getrockneten Tomaten abtropfen lassen und fein hacken. Zwiebel, Oliven und Tomaten in die Schüssel geben und untermischen. Alles mit Salz und Pfeffer würzen.

Den Mozzarella abtropfen lassen und in Scheiben schneiden. Den Salat waschen und trocken tupfen. Die Tortillas mit Salat, Thunfischmischung und Mozzarella füllen. Das untere Ende einschlagen und die Wraps fest aufrollen.

Tipp:

Der Thunfisch kann durch Roastbeef, geräucherten Lachs oder gebratene Hähnchenbrustfiletstreifen ersetzt werden.

LACHSQUICHE

Bei dieser Quiche verzichte ich auf Sahne oder Kuhmilch. Dadurch liegt sie nicht so schwer im Magen. Die Quiche schmeckt zu jeder Tageszeit – auch zum Frühstück – und eignet sich außerdem perfekt zum Mitnehmen. Ein wahrer Allrounder!

20 Min. Zubereitung, 30 Min. Backen · Pro Stück ca. 475 kcal, 24 g E, 40 g F, 5 g KH
Glutenfrei

FÜR 1 TARTEFORM (∅ 24 CM, 8 STÜCKE)

Für den Teig
- 200 g gemahlene Mandeln
- 2 EL Olivenöl
- Himalaya-Salz (ersatzweise Salz)
- 1 Ei

Für die Füllung
- 6 Eier
- 2 EL Olivenöl
- 180 g Kokosmilch (selbst gemacht, siehe S. 26, ersatzweise Mandeldrink)
- 1 gelbe Paprika
- ½ Stange Lauch
- 1 Zwiebel
- 150 g Grünkohl
- 200 g Räucherlachs
- Himalaya-Salz (ersatzweise Salz)
- ½ TL Pfeffer
- 1 TL getrockneter Oregano
- 1 TL gemahlener Kreuzkümmel
- 1 TL Paprikapulver (edelsüß)
- 70 g geriebener Gouda

Außerdem
- Butter für die Form

Den Backofen auf 180° vorheizen. Die Springform mit Butter fetten.

Für den Teig Mandeln, Olivenöl und ½ TL Salz in eine Schüssel geben. Das Ei aufschlagen, zufügen und alles mit den Händen zu einem glatten Teig verkneten. Den Teig in die Form geben und mit den Händen gleichmäßig flach drücken, bis die Form komplett mit Teig ausgekleidet ist. Die Form für 10 Min. in den heißen Ofen (Mitte) geben.

Inzwischen für die Füllung die Eier aufschlagen, in eine Schüssel geben und verquirlen. 1 EL Olivenöl und die Kokosmilch unterrühren. Die Paprika waschen, halbieren, weiße Trennwände und Kerne entfernen und die Hälften klein würfeln. Den Lauch putzen, gründlich waschen und in Scheiben schneiden. Die Zwiebel schälen und fein würfeln. Grünkohl waschen, trocken tupfen und klein schneiden. Das vorbereitete Gemüse portionsweise mit 1 EL Olivenöl in einer Pfanne bei mittlerer Hitze ein paar Min. andünsten. Kurz abkühlen lassen, dann unter die Eiermasse rühren.

Den Lachs klein schneiden, in die Eiermasse geben und untermengen. Die Füllung mit 1 TL Salz, Pfeffer, Oregano, Kreuzkümmel und Paprikapulver würzen.

Die Füllung auf den vorgebackenen Boden in die Springform gießen. Den Käse gleichmäßig darüberstreuen. Die Lachsquiche in ca. 30 Min. im heißen Ofen (Mitte) goldbraun backen. Anschließend kurz abkühlen lassen und servieren.

All
4
Mom

ASIATISCHER LACHS

Dieses Gericht versprüht einen Hauch von Asia-Feeling und ist im Nu zubereitet. Es ist das perfekte Essen für Gäste und lässt sich gut vorbereiten. Am liebsten serviere ich den Lachs mit Süßkartoffelpüree (siehe S. 153) und Rosenkohl (siehe S. 158).

10 Min. Zubereitung, 20 Min. Backen · Pro Portion ca. 515 kcal, 39 g E, 32 g F, 17 g KH
Glutenfrei

FÜR 4 PERSONEN

- 4 Bio-Lachsfilets (ca. à 200 g)
- 100 ml Kokos-Aminos-Würzsauce (ersatzweise glutenfreie Sojasauce)
- 2 TL Sesamöl
- 2 TL Honig (ersatzweise Ahornsirup)
- 2 TL Dijon-Senf
- Salz, Pfeffer
- 2 TL Sesam

Außerdem

- ½ Granatapfel
- 2 Frühlingszwiebeln (grüner Abschnitt)

Den Ofen auf 180° vorheizen. Ein Backblech mit Backpapier auslegen. Die Lachfilets trocken tupfen.

In einer Schüssel Kokos-Aminos-Würzsauce, Sesamöl, Honig und Dijon-Senf verrühren. Mit Salz und Pfeffer abschmecken. Den Sesam in einer Pfanne bei mittlerer Hitze unter Wenden anrösten, bis er goldbraun ist. Dann den Sesam mit der Marinade mischen.

Die Lachsfilets einzeln von allen Seiten in der Marinade wenden. Dann die Filets auf dem Backblech verteilen. Die Lachsfilets mit der übrigen Marinade aus der Schüssel beträufeln.

Den Lachs 15–20 Min. im heißen Ofen (Mitte) garen. Inzwischen den Granatapfel halbieren und die Kerne auslösen. Die Frühlingszwiebeln waschen, putzen und in schräge Ringe schneiden. Den fertigen Lachs auf Teller verteilen, mit Frühlingszwiebeln und Granatapfelkernen garnieren und servieren.

Healthy

Delicious

PANKO-FISCHSTÄBCHEN

Diese Fischstäbchen lassen die Herzen meiner Kinder höher schlagen, denn sie zählen zu ihren absoluten Lieblingsgerichten. Durch das Verwenden von Panko, einem asiatischen Paniermehl, werden sie besonders kross. Sie sind schnell und einfach gemacht und schmecken um Längen besser als die gekaufte TK-Variante.

20 Min. Zubereitung · Pro Portion ca. 515 kcal, 44 g E, 25 g F, 28 g KH

FÜR 4 PERSONEN

- 800 g Kabeljaufilets
- Salz, Pfeffer
- 50 g Dinkelmehl
- 2 Eier
- 1 Zitrone
- 120 g Panko (jap. Semmelbrösel)
- 4 EL Butterschmalz

Außerdem

- 2 Stängel Petersilie
- vegane Mayonnaise (selbst gemacht, siehe S. 47)

Die Kabeljaufilets trocken tupfen und in ca. 6 × 2 cm breite Streifen schneiden. Mit Salz und Pfeffer würzen.

Das Mehl in einen tiefen Teller geben. Die Eier aufschlagen und in einen zweiten tiefen Teller geben. Die Zitrone halbieren und aus einer Hälfte den Saft auspressen. Den Zitronensaft zu den Eiern geben und beides mithilfe einer Gabel gut miteinander verquirlen. Das Panko in einen dritten Teller füllen.

Die einzelnen Fischstäbchen zuerst im Mehl wenden, dann durch die Eimischung ziehen und schließlich im Panko wälzen.

Das Butterschmalz in einer Pfanne erhitzen. Die Fischstäbchen portionsweise in die Pfanne geben und bei mittlerer Hitze in ca. 2 Min. pro Seite knusprig braten. Die Fischstäbchen herausnehmen und kurz auf Küchenpapier abtropfen lassen. Dann mit dem Saft der anderen Zitronenhälfte beträufeln.

Die Petersilie abbrausen und trocken schütteln. Die Blätter abzupfen und fein hacken. Die fertigen Fischstäbchen auf Teller verteilen, mit Petersilie garnieren und mit der Mayonnaise servieren.

Tipp:

Man kann die Fischstäbchen auch gut im Ofen backen, anstatt sie in der Pfanne zu braten. So werden sie weniger fettig.

GESUNDE FETTE

Um gute und schlechte Fette ranken sich viele Mythen und Halbwahrheiten. Grundsätzlich gilt: Für unsere Ernährung sind Fette ein essenzieller Baustein. Schädlich für unsere Gesundheit werden sie erst, wenn man zu viel davon zu sich nimmt.

Dass tierische Fette wegen ihres hohen Cholesterinanteils generell schlecht für unseren Körper sind, ist so ein großer Aberglaube. Was viele nämlich nicht wissen: Cholesterin unterstützt unzählige wichtige Körperfunktionen wie die Zell- und Hormonbildung. Wie bei so vielen anderen Lebensmitteln auch kommt es hier zum einen auf die Quantität und das richtige Maß an, zum anderen auf die Qualität der verwendeten Fette. Auch die Verteuflung von Butter ist ein ähnliches Beispiel. In kleinen Mengen kann Bio-Butter das Wachstum von Kindern und auch das Immunsystem unterstützen, da sie sehr reich an Jod, Vitamin D, Vitamin A und K2 ist.

3 TIPPS, WORAUF DU BEI DER VERWENDUNG VON FETTEN ACHTEN SOLLTEST

- Greife möglichst auf Fette mit einem hohen Gehalt an mehrfach ungesättigten Fettsäuren zurück. Insbesondere Omega-3-Fettsäuren zählen zu den essenziellen Nährstoffen, die unser Körper nicht selbst bilden kann.

- Im Gegensatz zu stark verarbeiteten industriell hergestellten Ölen sind in nativen, kalt gepressten Bio-Ölen noch alle wichtigen Nährstoffe enthalten. Allerdings sind sie nicht hitzestabil und eignen sich somit nicht zum Kochen.

- Für das Kochen und Braten mit hoher Temperatur empfehle ich Kokosöl, Ghee, Avocadoöl oder Schmalz.

VON MAMA ZU MAMA

BLUMENKOHL-ZUCCHINI-PIZZA

Yes … guilty! Ich bin der absolute *Pizza-Lover* und habe schnell gemerkt, dass ich wohl besser eine gesündere Variante finde, um meine Gelüste zu stillen. Dieses leckere Rezept mit jeder Menge frischem Gemüse, gemahlenen Mandeln und Kokosmehl ist das Ergebnis meines Tüftelns.

20 Min. Zubereitung, 40 Min. Backen · Pro Portion ca. 510 kcal, 28 g E, 36 g F, 14 g KH
Glutenfrei

FÜR 4 PERSONEN

Für den Boden

- 1 Blumenkohl
- ½ Zucchino (ca. 120 g)
- 2 Eier
- 125 g gemahlene Mandeln
- 125 g Kokosmehl
- 25 g geriebener Mozzarella
- ½ TL gemahlener Kreuzkümmel
- ½ TL getrockneter Rosmarin
- Salz, Pfeffer

Für den Belag

- ½ grüne Paprika
- 6 Kirschtomaten
- ½ Zucchino
- 1 Handvoll Rucola
- 4 Stängel Basilikum
- 6 EL Pesto (selbst gemacht, siehe S. 42, oder aus dem Glas)
- 120 g geriebener Mozzarella
- Salz, Pfeffer

Den Ofen auf 180° vorheizen. Ein Backblech mit Backpapier auslegen.

Für den Boden den Blumenkohl waschen, putzen und in Röschen teilen. Die Röschen in den Mixer geben und auf niedriger Stufe so lange zerkleinern, bis sie die Größe von Reiskörnern haben. Zucchino waschen, putzen und fein reiben. Blumenkohl- und Zucchiniraspel in ein Küchentuch geben und gut auspressen.

Die Blumenkohl-Zucchini-Mischung in eine Schüssel geben. Die Eier aufschlagen und zugeben. Gemahlene Mandeln, Kokosmehl, Mozzarella, Kreuzkümmel, Rosmarin und 1 Prise Salz und Pfeffer zufügen und alles mit den Händen gut verkneten. Die Teigmasse nach Belieben zu einer oder zwei Kugeln formen und auf das Backblech geben. Einen zweiten Bogen Backpapier darauflegen und den Teig mit den Händen gleichmäßig zu einem großen oder zwei kleineren Kreisen flach drücken. Das obere Backpapier wieder entfernen.

Den Boden 20–25 Min. im heißen Ofen (Mitte) backen. Inzwischen für den Belag Paprika waschen, weiße Trennwände und Kerne entfernen und die Hälfte würfeln. Tomaten waschen und in Scheiben schneiden. Die Zucchinohälfte waschen, putzen und in Scheiben schneiden. Rucola verlesen, waschen und trocken schleudern. Basilikum abbrausen, trocken schütteln und die Blätter abzupfen.

Den fertig gebackenen Boden mit Pesto bestreichen und mit Mozzarella bestreuen. Paprika, Tomaten und Zucchino darauf verteilen und alles mit Salz und Pfeffer würzen. Die Pizza in weiteren 10–15 Min. fertig backen. Anschließend kurz abkühlen lassen, mit Rucola bestreuen, in Stücke schneiden und sofort servieren.

Si, Grazie!

AUBERGINEN-LASAGNE AL FORNO

Meatless Monday ist mittlerweile auch bei uns Tradition geworden. Ich liebe Lasagne, den italienischen Klassiker – diese Veggie-Variante schmeckt mir und meinen Kindern aber mindestens genauso gut.

25 Min. Zubereitung, 40 Min. Backen · Pro Portion ca. 355 kcal, 15 g E, 25 g F, 15 g KH

FÜR 4 PERSONEN

Für die Lasagne

- 3 Auberginen
- 1 EL Olivenöl
- 500 g Tomatensauce (selbst gemacht, siehe S. 43, oder aus dem Glas)
- 10 EL geriebener Parmesan

Für die Béchamelsauce

- 50 g Butter
- 40 g Dinkelmehl
- 500 ml Mandeldrink (ungesüßt, selbst gemacht, siehe S. 24)
- Salz, Pfeffer
- ½ TL frisch geriebene Muskatnuss

Außerdem

- 4 Zweige Thymian

Den Backofen auf 180° vorheizen. Für die Lasagne die Auberginen waschen, putzen und längs in dünne Scheiben schneiden. Das Olivenöl in einer Pfanne erhitzen und die Auberginenscheiben darin portionsweise von beiden Seiten scharf anbraten.

Für die Béchamelsauce die Butter in einem Topf bei niedriger Hitze schmelzen. Das Mehl langsam mit einem Schneebesen unterrühren, bis es hellgelb angeschwitzt ist und keine Klumpen mehr vorhanden sind. Dann den Mandeldrink unter stetigem Rühren nach und nach zugießen. Sobald die Béchamelsauce leicht eingedickt ist, den Topf vom Herd nehmen und die Sauce mit Salz, Pfeffer und Muskat würzen.

Den Boden einer Auflaufform mit einer dünnen Schicht Tomatensauce bedecken. Darauf eine Schicht Auberginenscheiben verteilen, diese mit Béchamelsauce bedecken. Darauf wieder eine Schicht Tomatensauce geben und diese mit 2 EL Parmesan bestreuen. Dann wieder Auberginen, Béchamelsauce, Tomatensauce und Parmesan einschichten und so fortfahren, bis alle Zutaten aufgebraucht sind. Die Lasagne mit einer dünnen Schicht Béchamelsauce abschließen und den restlichen Parmesan darüberstreuen.

Die Auflaufform in den heißen Ofen (Mitte) geben und die Lasagne ca. 40 Min. backen. Inzwischen den Thymian abbrausen, trocken schütteln und die Blättchen abzupfen. Die fertige Lasagne kurz abkühlen lassen, dann mit Thymian garnieren und servieren.

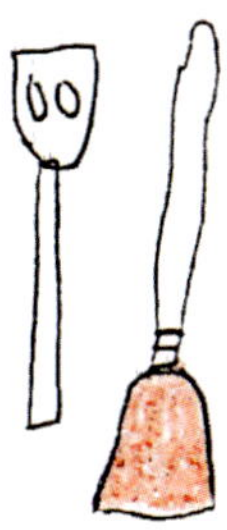

Tipp:

Wer nicht auf Fleisch verzichten möchte, kann statt Tomatensauce auch Bolognese verwenden (siehe S. 40).

NONNINAS GNOCCHI DI PATATE

25 Min. Zubereitung, 20 Min. Kochen · Pro Portion ca. 425 kcal, 15 g E, 13 g F, 60 g KH
Glutenfrei

FÜR 4 PERSONEN

- 675 g mehligkochende Kartoffeln
- Salz
- 200 g Maniokmehl (ersatzweise Dinkelmehl)
- 1 EL Olivenöl
- ½ TL weißer Pfeffer
- ½ TL Knoblauchpulver
- Pesto (selbst gemacht, siehe S. 42, oder aus dem Glas)
- 1 TL Butter
- 4 EL geriebener Parmesan

Außerdem

- Kartoffelpresse
- Mehl zum Arbeiten

Die Kartoffeln waschen, schälen und grob klein schneiden, dann in einem Topf mit kochendem Salzwasser in 15–20 Min. garen. Anschließend abgießen und durch die Presse in eine Schüssel drücken. Mehl, Öl, 1 kräftige Prise Salz, Pfeffer und Knoblauchpulver zugeben und alles mit den Händen verkneten.

Den Teig dritteln und auf der bemehlten Arbeitsfläche jeweils zu 2 cm dicken Strängen formen. Die Stränge mit Mehl bestäuben, dann in ca. 1 cm breite Stücke schneiden. Die Gnocchi oval formen.

In einem Topf Salzwasser aufkochen. Die Temperatur reduzieren und die Gnocchi 2–3 Min. köcheln lassen, bis sie nach oben steigen. Die Gnocchi mit einem Schaumlöffel herausheben, abtropfen lassen und in eine Schüssel geben. Pesto und Butter untermischen und die Gnocchi mit Parmesan bestreuen. Nach Belieben mit Kirschtomaten und Basilikum servieren.

Tipp:

Experimentierfreudige können die Gnocchi auch mit Süßkartoffeln oder einer Mischung aus Kartoffeln und Roter Bete zubereiten.

MAMA

SAFRANRISOTTO

30 Min. Zubereitung · Pro Portion ca. 430 kcal, 11 g E, 17 g F, 59 g KH
Glutenfrei

FÜR 4 PERSONEN

½ Butternuss-Kürbis
2 Zwiebeln
2 Knoblauchzehen
4 EL Butter
250 g Risottoreis
1 l Gemüsebrühe (selbst gemacht, siehe S. 39)
1 TL Zitronensaft
Salz, Pfeffer
1 TL Safranfäden
4 TL geriebener Parmesan

Kürbis schälen, putzen und in kleine Würfel schneiden. Zwiebeln und Knoblauch schälen und fein hacken. 3 EL Butter in einem Topf erhitzen und die vorbereiteten Zutaten bei niedriger Hitze 5 Min. andünsten. Den Risottoreis unterrühren und 5 Min. mitdünsten.

Die Gemüsebrühe kellenweise zugießen, bis der Reis die Flüssigkeit komplett aufgenommen hat. Dabei immer wieder umrühren. Den Zitronensaft einrühren und den Risotto mit Salz und Pfeffer würzen. Nach ca. 15 Min. Garzeit die Safranfäden bis auf einen kleinen Rest untermischen. Alles in weiteren 5 Min. unter häufigem Rühren gar kochen. Die restliche Butter unterrühren und den Risotto mit geriebenem Parmesan und den übrigen Safranfäden bestreut servieren.

Tipp:

Das Geheimnis eines guten Risottos: Rühren, rühren, rühren! Meine Mutter hat immer gepredigt, dass man Risotto wie ein kleines Kind behandeln muss … beide darf man nie alleine lassen.

Olé
Olé

TORTILLA ESPAÑOLA … PORQUÉ NO!

Dieses spanische Kartoffel-Omelett ist immer eine gute Idee. Es gibt einfach Tage, an denen es schnell gehen muss oder ich keine große Lust auf Experimente habe. Dann brate ich diese leckere Tortilla, die bei allen Familienmitgliedern jedes Mal ein Erfolgsgarant ist.

20 Min. Zubereitung · Pro Portion ca. 255 kcal, 12 g E, 17 g F, 13 g KH
Vegetarisch · Glutenfrei

FÜR 4 PERSONEN

- 4 Kartoffeln
- 1 Zwiebel
- 3 EL Sonnenblumenöl
- 6 Eier
- Salz, Pfeffer
- ½ Bund Schnittlauch

Die Kartoffeln schälen und in dünne Scheiben schneiden. Die Zwiebel schälen, halbieren und in feine Ringe schneiden. 2 EL Öl in einer Pfanne (ca. 24 cm Ø) erhitzen. Die Kartoffelscheiben und Zwiebelringe darin bei mittlerer Hitze ca. 10 Min. anbraten, bis die Kartoffeln gar sind. Alles kurz abkühlen lassen.

Die Eier aufschlagen, in einer Schüssel mit einer Gabel verquirlen und kräftig mit Salz und Pfeffer würzen. Die Kartoffelscheiben und die Zwiebeln zugeben und vorsichtig unterheben.

Das restliche Öl in der Pfanne erhitzen. Die Kartoffel-Eier-Masse zugeben, glatt streichen und bei mittlerer Hitze in ein paar Min. stocken lassen, bis die untere Seite goldbraun ist. Einen großen Teller auf die Pfanne legen, die Tortilla wenden und die andere Seite ebenfalls goldbraun braten. Die Tortilla abkühlen lassen und in Stücke schneiden.

Den Schnittlauch abbrausen, trocken schütteln und in feine Röllchen schneiden. Die Tortillastücke auf Teller verteilen, mit Schnittlauch bestreuen und servieren.

Tipp:
Tortilla Espanola kann warm oder kalt verzehrt werden, als Tapa oder Beilage.

WoW

BLUMENKOHL »FRIED RICE«

Ich liebe gebratenen Reis und kann davon nie genug bekommen. Bei dieser äußerst gesunden, kohlenhydratarmen Variante ersetze ich den Reis durch Blumenkohl – eine sehr leckere Beilage für die gesamte Familie, die genau wie *Fried Rice* aussieht, aber eben keiner ist.

25 Min. Zubereitung · Pro Portion ca. 185 kcal, 9 g E, 13 g F, 9 g KH
Vegetarisch

FÜR 4 PERSONEN

- 500 g Blumenkohl
- 1 Knoblauchzehe
- 1 Zwiebel
- 1 Frühlingszwiebel
- 2 Möhren
- 75 g TK-Erbsen
- 1 EL Sesamöl
- 2 EL Butter
- 2 Eier
- 1 Limette
- 4 Stängel Koriandergrün
- 3 TL Sojasauce (salzreduziert)
- Salz, Pfeffer

Den Blumenkohl waschen, putzen und grob in Röschen teilen. Knoblauchzehe und Zwiebel schälen und fein würfen. Frühlingszwiebel waschen, putzen und in feine Ringe schneiden. Die Möhren schälen und in feine Würfel schneiden.

Die Blumenkohlröschen in einen Mixer geben und so lange auf niedriger Stufe mixen, bis sie die Größe von Reiskörnern haben. Alternativ lassen sich die Röschen auch auf einer Reibe fein raspeln. Das Sesamöl in einer Pfanne erhitzen. Den zerkleinerten Blumenkohl zugeben und bei mittlerer Hitze unter ständigem Rühren 5 Min. anbraten.

In einer zweiten großen Pfanne die Butter zerlassen. Knoblauch, Zwiebel und Frühlingszwiebel darin kurz andünsten. Dann die Möhren und Erbsen zufügen und 5 Min. mitbraten. Anschließend den Blumenkohlreis untermischen.

Die Eier aufschlagen und in einer kleinen Schüssel mit einer Gabel verquirlen. Mit einem Holzlöffel das Gemüse an den Pfannenrand schieben. Die Eier in die Pfannenmitte geben, kurz anbraten und dann unter das Gemüse mischen. Die Limette halbieren und den Saft über dem Gemüse auspressen. Koriandergrün abbrausen und trocken schütteln. Alles mit Sojasauce, Salz und Pfeffer würzen und mit Koriander garniert servieren.

Tipp:

Damit der Blumenkohl im Mixer nicht zu matschig wird, das Gerät am besten nur auf niedriger Stufe laufen und mehrmals pulsieren lassen, bis die gewünschte Stückchengröße erreicht ist.

Looks good

Peace

NO CHEESE MAC & CHEESE

Was zeichnet einen klassischen *Mac & Cheese* aus? Richtig! Käse, Käse und noch mehr Käse – eine absolute Kalorienbombe! Ich hatte schon immer eine Schwäche für dieses Gericht und nach gefühlten 100 000 Kalorien dachte ich mir, dass es meinem schlechten Gewissen vielleicht guttun würde, eine gesündere Version zuzubereiten. Hier ist das genauso leckere wie einfache Ergebnis.

30 Min. Zubereitung · Pro Portion ca. 695 kcal, 31 g E, 16 g F, 107 g KH
Vegan

FÜR 4 PERSONEN

- 1 Brokkoli
- Salz
- 100 g Cashewkerne
- 1 Knoblauchzehe
- 3 große Kartoffeln
- 3 Möhren
- 1 kleine Zwiebel
- ½ TL Dijon-Senf
- 20 g Edel-Hefeflocken
- 1 TL frisch geriebene Muskatnuss
- 1 TL Paprikapulver
- 1 TL Apfelessig
- 500 g Vollkorn-Makkaroni
- Pfeffer

Den Backofen auf 180° vorheizen. Ein Backblech mit Backpapier auslegen. Den Brokkoli waschen, putzen und die einzelnen Röschen in mundgerechte Stücke schneiden. Diese auf dem Blech verteilen, leicht salzen und in ca. 20 Min. im heißen Ofen (Mitte) bissfest rösten.

Inzwischen die Cashews mit 100 ml Wasser in einen Mixer geben. Den Knoblauch schälen und zugeben. Alles fein pürieren.

Kartoffeln und Möhren schälen und in kleine Würfel schneiden. Die Zwiebel schälen und klein hacken. Das Gemüse mit 250 ml Wasser in einen Topf geben. Alles aufkochen und in ca. 10 Min. bei niedriger Hitze offen garen. Das Gemüse kurz abkühlen lassen, übrig gebliebenes Kochwasser nicht abgießen, dann den Topfinhalt zur Cashewcreme in den Mixer geben. Senf, Hefeflocken, Muskat, Paprikapulver und Apfelessig zufügen und alles zu einer cremigen Sauce pürieren.

Inzwischen die Makkaroni in einen großen Topf mit reichlich Salzwasser nach Packungsanleitung al dente kochen. Die Nudeln abgießen und abtropfen lassen, mit Sauce und Brokkoli mischen. Alles mit Salz und Pfeffer abschmecken.

Yummy
family

MEDITERRANES SÜSSKARTOFFELPÜREE

Seit Kindheit an bin ich süchtig nach Pürees in jeder Art und Form. Aber erst seitdem ich in Amerika lebe, habe ich meine Liebe für Süßkartoffeln entdeckt, die nicht nur lecker schmecken, sondern mit ihrem hohen Gehalt an Beta-Carotin, Vitamin C und D auch noch supergesund sind.

15 Min. Zubereitung, 20 Min. Backen · Pro Portion ca. 180 kcal, 3 g E, 2 g F, 37 g KH
Glutenfrei

FÜR 4 PERSONEN

- 750 g Süßkartoffeln
- 1 große Schalotte
- 1 Knoblauchzehe
- 1 TL Butterschmalz
- ½ TL getrockneter Oregano
- 100 ml Hühnerbrühe (selbst gemacht, siehe S. 37)
- Salz, Pfeffer
- 4 Zweige Thymian

Den Ofen auf 180° vorheizen und ein Backblech mit Backpapier auslegen. Die Süßkartoffeln schälen, in grobe Würfel schneiden und auf dem Blech verteilen. Die Süßkartoffeln ca. 20 Min. im heißen Ofen (Mitte) backen. Anschließend kurz abkühlen lassen.

Schalotte und Knoblauch schälen, klein schneiden und in einer Pfanne im Butterschmalz bei mittlerer Hitze 3–4 Min. anbraten. 1 EL Schalottenwürfel zum Garnieren beiseitelegen.

Süßkartoffelwürfel, Schalotte, Knoblauch, Oregano und Hühnerbrühe in einen Mixer geben. Alles fein pürieren und mit Salz und Pfeffer abschmecken.

Den Thymian abbrausen, trocken schütteln und die Blättchen abzupfen. Das Süßkartoffelpüree mit Thymianblättchen und den beiseitegelegten Schalottenwürfeln garnieren und sofort servieren.

ZUCCHINI-PARMESAN-POMMES

15 Min. Zubereitung, 20 Min. Backen · Pro Portion ca. 335 kcal, 21 g E, 11 g F, 38 g KH

FÜR 4 PERSONEN

- 4 Zucchini
- 2 Eier
- Salz, Pfeffer
- 200 g Vollkorn-Semmelbrösel
- 100 g geriebener Parmesan
- ½ TL Paprikapulver
- ½ TL getrockneter Oregano

Außerdem

- Mayo-Artischocken-Dip zum Servieren (siehe S. 48)

Den Backofen auf 180° vorheizen und ein Backblech mit Backpapier auslegen.

Die Zucchini waschen, putzen und in pommesförmige Stifte schneiden. Die Eier aufschlagen und in einem tiefen Teller mit etwas Salz und Pfeffer verquirlen. Die Semmelbrösel in einem zweiten tiefen Teller mit Parmesan, Paprikapulver und Oregano vermengen.

Die Zucchini-Stifte zuerst einzeln in die Eimischung tauchen, dann in der Parmesan-Semmelbrösel-Mischung wenden, bis sie von allen Seiten mit Panade ummantelt sind.

Die Zucchini-Pommes nebeneinander auf dem Backblech verteilen und 15–20 Min. im heißen Ofen (Mitte) backen. Nach der Hälfte der Zeit wenden. Die fertigen Pommes aus dem Ofen nehmen, auf Teller verteilen und mit Mayo-Artischocken-Dip servieren.

BUNTE POMMES

10 Min. Zubereitung, 40 Min. Backen · Pro Portion ca. 140 kcal, 2 g E, 4 g F, 23 g KH
Vegan · Glutenfrei

FÜR 4 PERSONEN

- 300 g Süßkartoffel
- 300 g Möhren
- 150 g Pastinaken
- 1 ½ EL Avocadoöl
- 2 TL Paprikapulver
- 1 TL getrockneter Thymian
- ½ TL Knoblauchpulver
- Himalaya-Salz (ersatzweise Salz), Pfeffer

Den Backofen auf 180° vorheizen und ein Backblech mit Backpapier auslegen.

Die Süßkartoffel, Möhren und Pastinaken schälen und putzen. Dann das Gemüse in pommesförmige Stifte schneiden und in eine große Schüssel geben. Avocadoöl, Paprikapulver, Thymian, Knoblauchpulver und 1 kräftige Prise Salz und Pfeffer zugeben. Alle Zutaten mit den Händen gut vermengen.

Das Gemüse nebeneinander auf dem Blech verteilen und im heißen Ofen (Mitte) in 30–40 Min. goldbraun backen.

Tipp:

Noch besser werden die bunten Gemüse-Pommes deinen Kindern schmecken, wenn du sie stilecht mit Ketchup (siehe S. 46) oder Mayonnaise (siehe S. 47) servierst.

GEGRILLTES GEMÜSE

Dieses Gericht steckt voller wertvoller Nährstoffe. Fenchel wirkt entzündungshemmend und unterstützt die Verdauung. Paprika enthält viel Vitamin C ... sogar mehr als Orangen! Schalotten sind gut für das Immunsystem, Zucchini sind leicht verdaulich und ein großartiges Anti-Aging-Mittel.

15 Min. Zubereitung, 35 Min. Backen · Pro Portion ca. 435 kcal, 8 g E, 34 g F, 24 g KH
Vegan · Glutenfrei

FÜR 4 PERSONEN

Für das Gemüse

- 3 Zucchini
- 2 rote Paprika
- 5 große Möhren
- 1 Kartoffel
- 500 g Fenchel (ersatzweise grüner Spargel)
- 1 Zwiebel
- 1 Stange Lauch

Für die Marinade

- 1 Bio-Zitrone
- 125 ml Olivenöl
- 2 EL getrockneter Thymian
- 1 EL getrockneter Rosmarin
- 1 EL gemahlener Kreuzkümmel
- 1 EL Knoblauchpulver
- Salz, Pfeffer

Den Backofen auf 180° vorheizen und ein Backblech mit Backpapier auslegen.

Für das Gemüse die Zucchini waschen, putzen und in Scheiben schneiden. Paprika waschen, halbieren, weiße Trennwände und Kerne entfernen und die Hälften in Streifen schneiden. Möhren schälen, putzen und in Stifte oder Scheiben schneiden. Kartoffel schälen, waschen und ebenfalls würfeln. Fenchel waschen, putzen, keilförmig vom Strunk befreien und in Stücke schneiden. Zwiebel schälen und in Spalten schneiden. Lauch gründlich waschen, putzen und in Scheiben schneiden. Das Gemüse in eine große Schüssel geben.

Für die Marinade die Zitrone waschen, trocknen und die Schale fein abreiben. Dann die Zitrone halbieren und 2 EL Saft auspressen. Olivenöl, Thymian, Rosmarin, Kreuzkümmel, Knoblauch, Salz und Pfeffer in einer Schüssel mit dem Zitronenabrieb und dem -saft verrühren.

Die Marinade über das Gemüse geben und alles mit den Händen gut vermengen. Das Gemüse nebeneinander auf dem Blech verteilen und ca. 35 Min. im heißen Ofen (Mitte) rösten. In den letzten 2 Min. die Grillfunktion zuschalten.

I love you

ROSENKOHL MIT KARAMELLISIERTEN ZWIEBELN

35 Min. Zubereitung · Pro Portion ca. 135 kcal, 7 g E, 8 g F, 8 g KH
Vegan

FÜR 4 PERSONEN

- 500 g Rosenkohl
- 2 Knoblauchzehen
- ½ Zitrone
- 2 TL Olivenöl
- 1 TL Ahornsirup
- 1 EL Sojasauce (salzreduziert)
- 1 TL gemahlene Kurkuma
- 1 TL gemahlener Kreuzkümmel
- Salz, Pfeffer
- 1 Zwiebel
- 2 EL Kokosöl

Den Backofen auf 180° vorheizen. Ein Backblech mit Backpapier auslegen. Rosenkohl waschen, putzen, halbieren und in eine Schüssel geben. Knoblauch schälen, fein hacken und zugeben. Aus der Zitronenhälfte 1 TL Saft auspressen und mit Olivenöl, Ahornsirup und Sojasauce verrühren. Kurkuma, Kreuzkümmel und 1 Prise Salz und Pfeffer untermischen. Die Marinade mit dem Rosenkohl vermengen. Alles auf dem Backblech verteilen und im heißen Ofen (Mitte) 20–25 Min. rösten. Nach 10 Min. den Rosenkohl wenden.

Inzwischen die Zwiebel schälen und in feine Ringe schneiden. Das Kokosöl in einer Pfanne zerlassen und die Zwiebelringe darin bei mittlerer Hitze 2–3 Min. anbraten. Die Hitze reduzieren und die Zwiebel in weiteren 2–3 Min. goldbraun braten. Den Rosenkohl mit den gebratenen Zwiebelringen vermengen und sofort servieren.

ASIATISCHE BOHNEN

15 Min. Zubereitung · Pro Portion ca. 120 kcal, 4 g E, 7 g F, 9 g KH
Vegan

FÜR 4 PERSONEN
375 g grüne Bohnen
1 EL Sesam
1 Knoblauchzehe
½ Zwiebel
1 Stück Ingwer (1 ½ cm lang)
2 EL Sesamöl
4 EL Sojasauce (salzreduziert)
2 EL Apfelessig
1 TL Limettensaft
1 EL Ahornsirup

Die grünen Bohnen waschen und putzen. In einem Topf Wasser zum Kochen bringen und die Bohnen darin in 4–5 Min. garen. Anschließend in ein Sieb abgießen und kurz abschrecken.

Inzwischen den Sesam in einer trockenen Pfanne bei mittlerer Hitze in 2–3 Min. unter ständigem Rühren goldbraun rösten, dann aus der Pfanne nehmen und beiseitestellen.

Knoblauch, Zwiebel und Ingwer schälen und fein hacken. Sesamöl in der Pfanne erhitzen. Knoblauch, Zwiebel und Ingwer darin 2–3 Min. bei mittlerer Hitze anbraten. Bohnen, Sojasauce, Apfelessig, Limettensaft, Ahornsirup und Sesam zugeben und 5 Min. mitbraten. Die Bohnen sofort servieren.

CREAMED SPINACH

Rahmspinat geht auch ganz ohne Sahne und sogar komplett vegan. Dies ist ein superleckeres Rezept, das wegen des Einweichens der Cashewkerne zwar etwas Planung bedarf, dann aber im Nu fertig auf dem Tisch steht.

20 Min. Zubereitung, 12 Std. Einweichen · Pro Portion ca. 370 kcal, 14 g E, 27 g F, 18 g KH
Vegan · Glutenfrei

FÜR 4 PERSONEN

- 200 g Cashewkerne
- ½ Zitrone
- 1 TL Apfelessig
- Himalaya-Salz (ersatzweise Salz)
- ½ TL frisch geriebene Muskatnuss
- 750 g Blattspinat
- 1 Zwiebel
- 2 Knoblauchzehen
- 2 EL Olivenöl

Außerdem

- Chiliflocken zum Bestreuen (optional)

Die Cashews in ein verschließbares Gefäß geben und vollständig mit Wasser bedecken. Dann über Nacht für ca. 12 Std. im Kühlschrank einweichen lassen. Anschließend das Wasser abgießen, die Cashews abspülen, abtropfen lassen und mit 100 ml frischem Wasser in einen Mixer geben.

Aus der Zitronenhälfte 1 TL Saft auspressen. Zitronensaft, Apfelessig, 1 Prise Salz und Muskatnuss zu den Cashewkernen in den Mixer geben und alles auf hoher Stufe ca. 1 Min. mixen, bis eine cremige Konsistenz erreicht ist. Die Cashewcreme kurz beiseitestellen.

Den Spinat verlesen und in kochendem Salzwasser ca. 2 Min. blanchieren. Anschließend abgießen, kalt abschrecken und gut abtropfen lassen. Den Spinat zusätzlich trocken tupfen, dann grob klein schneiden.

Zwiebel und Knoblauch schälen und in feine Würfel schneiden. Das Olivenöl in den Topf geben und erhitzen. Zwiebel und Knoblauch darin 2–3 Min. bei mittlerer Hitze anbraten. Den Spinat zugeben und alles weitere 5 Min. unter häufigem Rühren braten. Die Cashewcreme einrühren und den Spinat vom Herd nehmen. Nach Belieben mit Chiliflocken bestreuen und sofort servieren.

Love
Dad
Strong

Bake

DESSERTS

Natürlich sollte man Süßes nur in Maßen konsumieren, aber ich würde niemals auf die Idee kommen, Desserts komplett von unserem Speiseplan zu streichen. Ohne Gewissensbisse genießen zu können ist so wichtig. Das solltest du deinen Kindern unbedingt vorleben. Bei meinen Nachspeisen verwende ich möglichst wenig Zucker, dafür aber umso mehr Obst und sogar Gemüse. So wird's gesund und lecker – überzeug dich selbst!

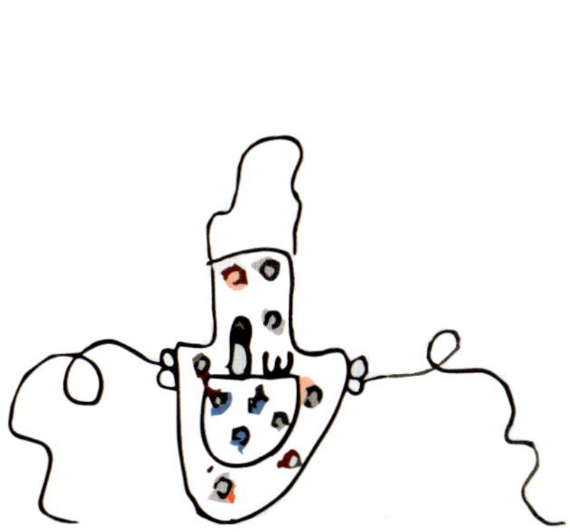

OMIS EINZIGARTIGER KÄSEKUCHEN

Dieser leckere Käsekuchen kommt ohne Boden und ohne Zucker aus. Man kann ihn deshalb ohne schlechtes Gewissen genießen. Also, Omi, vielen Dank, dass du immer auf meine Linie achtest und dieses köstliche Rezept mit uns teilst. Ich hab dich lieb!

15 Min. Zubereitung, 1 Std. 15 Min. Backen · Pro Stück ca. 325 kcal, 16 g E, 25 g F, 12 g KH
Vegetarisch

FÜR 1 SPRINGFORM (∅ 26 CM, 12 STÜCKE)

- 1 kg Schichtkäse
- 200 g weiche Butter
- 100 g Xylit
- 1 Vanilleschote
- ½ Bio-Zitrone
- 6 Eier
- 100 g gemahlene Mandeln
- 1 TL Backpulver

Außerdem

- Butter für die Form
- frische Beeren (optional)
- 1 Stängel Minze (optional)

Den Backofen auf 160° vorheizen. Die Springform mit Backpapier auslegen und den Rand mit Butter fetten.

Den Schichtkäse und die Butter mit dem Handrührgerät auf höchster Stufe sehr cremig schlagen. Xylit zufügen und 5–8 Min. weiterschlagen. Die Vanilleschote längs aufschlitzen und das Mark auskratzen. Die Zitronenhälfte waschen, trocknen und die Schale fein abreiben. Dann 1 TL Saft auspressen. Vanillemark, Zitronenabrieb und -saft unter die Käsemasse rühren.

Die Eier nacheinander aufschlagen und einzeln in die Creme einrühren. Die gemahlenen Mandeln mit dem Backpulver darübersieben und mit einem Teigschaber behutsam unterheben. Den Teig in die Springform füllen, die Oberfläche glatt streichen und den Kuchen 1 Std. 15 Min. im heißen Ofen (Mitte) backen.

Den Kuchen abkühlen lassen, vorsichtig aus der Form lösen und auf einen großen Kuchenteller setzen. Die frischen Beeren (falls verwendet) verlesen, vorsichtig waschen und trocken tupfen. Die Minze abbrausen, trocken tupfen und die Blätter abzupfen. Den Kuchen mit Beeren und Minze garniert servieren.

Love

Tipp:

Damit der Kuchen nicht zusammenfällt, sollte er langsam, am besten bei geöffneter Ofentür abkühlen. Lauwarm schmeckt er am besten. Wer mag, gibt 2 Handvoll Rosinen mit in den Teig.

MÖHRENKUCHEN

Möhren- bzw. Rüblikuchen erinnert mich an meine Kindheit in Bayern. Egal in welchem Kaffee oder Restaurant wir waren, überall gab es diesen Kuchen. Trotzdem oder gerade deswegen kann ich bis heute nicht genug davon bekommen. Ich backe diesen Kuchen sehr gerne für meine Familie oder Gäste.

35 Min. Zubereitung, 12 Std. Einweichen, 1 Std. Backen, 3 Std. Kühlen · Pro Stück ca. 505 kcal, 10 g E, 40 g F, 28 g KH
Vegetarisch

FÜR 1 SPRINGFORM (Ø 26 CM, 12 STÜCKE)

Für die Glasur

- 200 g Cashewkerne
- 2 TL Kokosöl
- ½ Zitrone
- 150 g Kokoscreme
- 2 TL Vanilleextrakt
- 4 TL Ahornsirup

Für den Kuchen

- 175 g Kokosöl
- 125 g gemahlene Mandeln
- 125 g Pfeilwurzelmehl
- 50 g Kokosmehl
- 1 TL Backpulver
- Salz
- 2 TL Zimtpulver
- ¼ TL gemahlener Kardamom
- ¼ TL frisch geriebene Muskatnuss
- 4 Eier
- 50 ml Mandeldrink (selbst gemacht, siehe S. 24)
- 125 g Ahornsirup
- 1 EL Apfelessig
- 1 EL Vanilleextrakt
- 1 Bio-Orange
- 375 g Möhren

Für die Glasur am Vorabend die Cashews in einem verschließbaren Gefäß vollständig mit Wasser bedecken. Die Kerne abgedeckt für 12 Std. im Kühlschrank einweichen lassen.

Für den Kuchen den Backofen auf 180° vorheizen. Das Kokosöl in einem kleinen Topf zerlassen. Die Springform mit Backpapier auslegen und den Rand mit etwas zerlassenem Kokosöl fetten.

Gemahlene Mandeln, Pfeilwurzelmehl, Kokosmehl, Backpulver, 1 TL Salz, Zimtpulver, Kardamom und Muskat in einer Schüssel vermengen. Die Eier aufschlagen und in eine zweite Schüssel geben. Mandeldrink, Ahornsirup, Apfelessig, zerlassenes Kokosöl und Vanilleextrakt zu den Eiern geben und unterrühren. Die Mehlmischung zufügen und alles zu einem glatten Teig verrühren.

Die Orange heiß waschen, trocknen und die Schale fein abreiben. Die Möhren schälen, putzen und fein raspeln. Den Orangenabrieb und die Möhrenraspel unter den Teig heben. Den Teig in die Springform füllen und 50–60 Min. im heißen Ofen (Mitte) backen. Anschließend den Kuchen 15 Min. abkühlen lassen, dann aus der Form nehmen.

Die Cashewkerne abgießen, abspülen und abtropfen lassen. Dann in einen Mixer geben und auf hoher Stufe ca. 1 Min. pürieren. Das Kokosöl zerlassen. Aus der Zitronenhälfte 1 EL Saft auspressen. Kokoscreme, Vanilleextrakt, Ahornsirup, Kokosöl und Zitronensaft ebenfalls in den Mixer geben und alles weiter für 2–3 Min. auf hoher Stufe pürieren, bis die Mischung cremig ist. Die Glasur für 3–4 Std. kühlen, bis die Konsistenz etwas dicker wird. Dann den Möhrenkuchen mit der Glasur bestreichen und servieren.

I ♥ U

Super

LEMON-CURD-TARTELETTES

Sauer macht lustig! Diese Zitronentartelettes heben nicht nur die Laune, sie schmecken auch herrlich erfrischend. Wie immer versuche ich auch in diesem Rezept so wenig Zucker oder andere Süßungsmittel wie möglich zu verwenden.

35 Min. Zubereitung, 2 Std. Kühlen · Pro Stück ca. 720 kcal, 18 g E, 61 g F, 21 g KH
Vegetarisch · Glutenfrei

FÜR 6 TARTELETTES-FÖRMCHEN (∅ 10 CM)

Für die Böden

- 4 Eier
- 100 g Kokosöl
- 200 g Kokosmehl
- 4 TL Ahornsirup
- Salz

Für die Zitronenfüllung

- 150 g Kokosöl
- 4 Eier
- 4 Eigelb
- 100 g Ahornsirup
- 1 TL Vanilleextrakt
- 2 große Bio-Zitronen

Außerdem

- Kokosöl für die Förmchen

Für den Böden den Backofen auf 150° vorheizen. Etwas Kokosöl zerlassen und die Förmchen damit fetten.

Die Eier aufschlagen, in eine Schüssel geben und mit einer Gabel verquirlen. Das Kokosöl zerlassen. Kokosmehl, Ahornsirup, 1 Prise Salz und das zerlassene Öl zu den Eiern geben und alles mit den Händen zu einem glatten Teig kneten.

Den Teig mit angefeuchteten Händen in sechs gleich große Portionen teilen und die Förmchen damit auskleiden. Die Böden in den heißen Ofen (Mitte) geben und 15–20 Min. backen. Anschließend abkühlen lassen.

Für die Zitronenfüllung das Kokosöl zerlassen. Die Eier aufschlagen und in eine Schüssel geben. Eigelbe, Kokosöl, Ahornsirup und Vanilleextrakt zugeben. Die Zitronen waschen, trocknen und die Schale fein abreiben. Die Früchte halbieren und den Saft auspressen. Zitronenabrieb und -saft zur Eimischung geben.

Alle Zutaten mit dem Handrührgerät glatt rühren. Die Mischung in einen Topf geben und bei mittlerer Hitze erwärmen. Dann ca. 10 Min unter ständigem Rühren köcheln lassen, bis die Masse eindickt. Die Füllung 5 Min. abkühlen lassen, dann auf den Böden verteilen. Die Zitronentartelettes vor dem Servieren 2–3 Std. kalt stellen.

Tipp:

Wer mag, dekoriert die Tartelettes mit Minzblättern, Zitronenzesten und Zitronenschnitzen.

ZUCKER VERMEIDEN

Ich behaupte ja, dass Zucker die schlechteste legal erhältliche Zutat in der modernen Ernährung ist. Er macht süchtig, kann zu Hyperaktivität führen und wird mit vielen Krankheiten in Verbindung gebracht, darunter Fettleibigkeit, Diabetes, Herzkrankheiten, Depressionen und sogar Krebs.

Natürlich ist gegen ein gelegentliches Eis nichts einzuwenden. Aber du solltest den Konsum stark einschränken und die Verwendung von raffiniertem Zucker, der uns keinerlei Nutzen für unsere Ernährung bringt, möglichst ganz vermeiden. Er enthält weder Vitamine noch Mineralien. Dafür stört er den Stoffwechsel und die Hormone, die Hunger und Sättigung regulieren. Deshalb musst du nicht komplett auf Süßes verzichten, aber es gibt weitaus gesündere Optionen.

4 ALTERNATIVE SÜSSUNGSMITTEL

- Ahornsirup schmeckt nicht nur köstlich, er enthält auch Mineralien und nützliche Antioxidantien. Der Sirup ist recht zuckerreich, daher sollte er – wie andere Süßungsmittel auch – unbedingt nur in Maßen verwendet werden.

- Bio-Kokosblütenzucker enthält ebenfalls Mineralien und Antioxidantien. Kokosblütenzucker hat einen niedrigen glykämischen Index, weshalb er auch für Diabetiker geeignet ist.

- Honig enthält nicht nur Vitamine, Mineralien und nützliche Antioxidantien – sofern er unverarbeitet ist, kann er auch das Immunsystem unterstützen und entzündungshemmend wirken. Ich verwende besonders gern neuseeländischen Manuka-Honig.

- Stevia wird aus den Blättern der in Südamerika beheimateten Stevia-Pflanze gewonnen. Es schmeckt extrem süß, sodass man es vorsichtig dosieren sollte.

VON MAMA ZU MAMA
HONEY

SÜSSKARTOFFEL-BROWNIES

30 Min. Zubereitung, 40 Min. Backen · Pro Stück ca. 240 kcal, 5 g E, 14 g F, 23 g KH
Vegan

FÜR 1 BACKFORM (CA. 22 × 22 CM, 15 STÜCKE)

Für die Brownies

- 1 kg Süßkartoffeln
- 10 Datteln
- 200 g gemahlene Mandeln
- 6 EL Kakaopulver (roh)
- 1 Pck. Backpulver
- 2 TL Zimtpulver
- Salz
- 6 EL Ahornsirup
- 2 TL Vanilleextrakt

Für die Glasur

- 80 g Kakaobutter (Bioladen)
- 2 EL Kakaopulver (roh)
- 2 EL Ahornsirup

Für die Brownies Süßkartoffeln schälen und würfeln. Dann in einem Topf mit kochendem Wasser in ca. 20 Min. weich garen.

Den Backofen auf 180° vorheizen. Die Form mit Backpapier auslegen. Datteln entsteinen. Süßkartoffelwürfel und Datteln in einem Mixer fein pürieren. Anschließend das Püree in eine Schüssel füllen und mit gemahlenen Mandeln, Kakaopulver, Backpulver, Zimt und 1 Prise Salz verrühren. Ahornsirup und Vanilleextrakt untermischen. Den Teig in die vorbereitete Form füllen und ca. 40 Min. im heißen Ofen (Mitte) backen. Anschließend abkühlen lassen.

Für die Glasur die Kakaobutter bei niedriger Hitze schmelzen. Das Kakaopulver und den Ahornsirup unterrühren. Die Glasur über den abgekühlten Brownie geben und trocknen lassen. Den Brownie in Stücke schneiden und servieren.

AVOCADO-SCHOKO-MOUSSE

15 Min. Zubereitung · Pro Portion ca. 805 kcal, 12 g E, 67 g F, 38 g KH
Vegan · Glutenfrei

FÜR 4 PERSONEN

- 4 Avocados
- 50 g Kakaopulver (roh)
- Himalaya-Salz
- 125 g Kokosmilch (selbst gemacht, siehe S. 26)
- 100 g Ahornsirup
- 2 TL Vanilleextrakt
- 1 Handvoll gemischte Beeren
- 1 Feige
- 400 g Kokosjoghurt
- 1 Handvoll Kakao-Nibs (roh)

Die Avocados halbieren, den Kern entfernen, das Fruchtfleisch aus den Schalen lösen und in einen Mixer geben. Kakaopulver, 1 Prise Salz, Kokosmilch, Ahornsirup und Vanilleextrakt zugeben und alles 1–2 Min. pürieren, bis eine cremige Konsistenz erreicht ist. Die Schokoladenmousse auf Dessertschalen oder kleine Gläser verteilen.

Die Beeren verlesen, vorsichtig waschen und trocken tupfen. Die Feige waschen und vierteln. Den Kokosjoghurt auf der Mousse anrichten und alles mit Beeren, Feige und Kakao-Nibs garniert servieren.

HEISSE LAVAKÜCHLEIN MIT FLÜSSIGEM KERN

Diese kleinen Kuchen sind die perfekte Wahl für alle Schokoladenliebhaber, so wie ich es bin. Außerdem machen sie ordentlich etwas her, vor allem wenn man Gäste zum Abendessen hat. Dabei sind sie superschnell und einfach gemacht.

15 Min. Zubereitung, 25 Min. Backen · Pro Portion ca. 585 kcal, 11 g E, 49 g F, 25 g KH
Vegetarisch

FÜR 4 PERSONEN

- 115 g Zartbitter-Schokolade
- 115 g Butter
- 3 Eier
- 3 Eigelb
- 50 g Kokosblütenzucker
- 2 EL Dinkelmehl

Außerdem

- 4 kleine Soufflé-Formen
- Butter für die Formen
- 4 Physalis
- 1 Feige
- 1 Handvoll Heidelbeeren
- 1 EL Bio-Erythrit (ersatzweise Puderzucker)

Den Backofen auf 150° vorheizen. Die Soufflé-Formen gründlich mit Butter einfetten. Die Schokolade klein hacken und mit der Butter in einer hitzebeständigen Schlüssel über dem heißen Wasserbad unter ständigem Rühren schmelzen. Dann leicht abkühlen lassen.

Die Eier aufschlagen und in eine Schüssel geben. Eigelbe, Butter-Schokoladen-Mischung, Zucker und Mehl zufügen und alles mit einem Schneebesen zu einem glatten Teig verrühren.

Den Teig mit einem Löffel gleichmäßig auf die Förmchen verteilen. Dann die Förmchen in den heißen Ofen (Mitte) geben und den Teig ca. 25 Min. backen. Die Küchlein sollten dann außen fest, aber innen noch flüssig sein. Die Küchlein 1–2 Min. abkühlen lassen, dann vorsichtig auf Dessertteller stürzen und die Förmchen lösen.

Die Physalis putzen, waschen und trocken tupfen. Die Feige waschen und vierteln. Heidelbeeren verlesen, waschen und trocken tupfen. Die heißen Lavaküchlein mit Erythrit bestäuben, mit Obst garnieren und sofort servieren.

Tipp:

Der fertige Teig lässt sich gut in den Förmchen einfrieren. Dann einfach die Backzeit etwas verlängern. Es lohnt sich also, gleich die doppelte Menge vom Rezept zuzubereiten.

SCHOKOLADEN-HAFERFLOCKEN-COOKIES MIT GOLDEN MYLK

Diese Cookies sind der absolute Knaller. Meine Kinder lieben sie und ich freue mich über die gesunden Zutaten. Sie haben es auf die Nachspeisen-Liste geschafft, weil mich meine Kinder manchmal nach dem Abendessen darum bitten – zusammen mit einer leckeren Tasse Golden Mylk. Die Kekse können aber genauso gut als kleiner Snack zwischendurch verzehrt werden.

30 Min. Zubereitung, 12 Min. Backen · Pro Portion (mit 1 Cookie) ca. 220 kcal, 6 g E, 12 g F, 24 g KH
Vegetarisch

FÜR 16–20 COOKIES BZW. 4 PERSONEN

Für die Cookies

- 50 g Kokosöl
- 2 Eier
- 60 g Mandelmus (selbst gemacht, siehe S. 28)
- 80 g Ahornsirup
- 1 TL Vanilleextrakt
- 200 g Hafermehl
- 180 g Haferflocken
- 1 TL Backpulver
- 1 TL Zimtpulver
- 50 g Kokosblütenzucker
- Salz
- 100 g Zartbitter-Schokolade

Für die Golden Mylk

- 880 ml Mandeldrink (ungesüßt, selbst gemacht, siehe S. 24)
- 4 TL Mandelmus
- 2 TL Manuka-Honig
- 2 TL Vanilleextrakt
- 4 TL gemahlene Kurkuma
- 2 TL Zimtpulver
- 2 TL gemahlener Kardamom

Für die Cookies den Backofen auf 180° vorheizen. Ein Backblech mit Backpapier auslegen. Das Kokosöl in einem kleinen Topf zerlassen. Die Eier aufschlagen, in eine Schüssel geben und mit einer Gabel verquirlen. Mandelmus, Kokosöl, Ahornsirup und Vanilleextrakt unterrühren.

Hafermehl, Haferflocken, Backpulver, Zimt, Zucker und ½ TL Salz in eine zweite Schüssel geben und miteinander vermengen. Die Eimischung zufügen und alles gut verrühren. Die Schokolade klein hacken und unter den Teig mengen.

Den Teig mithilfe eines Esslöffels in kleinen Häufchen auf dem Blech verteilen und mit der Rückseite des Löffels leicht platt drücken. Die Cookies im heißen Ofen (Mitte) 10–12 Min. backen. Vor dem Servieren 10 Min. abkühlen lassen.

Inzwischen für die Golden Mylk den Mandeldrink in einem Topf bei mittlerer Hitze erwärmen, aber nicht kochen. Mandelmus, Honig und Vanilleextrakt einrühren, dann die Gewürze zugeben und alles nochmals gut umrühren. Die Golden Mylk auf vier Gläser oder große Tassen verteilen und warm genießen.

Tipp:

Ich habe festgestellt, dass sich meine Schlafqualität deutlich verbessert, wenn ich die Golden Mylk 20 Min. vor dem Zubettgehen trinke. Probiere es unbedingt aus!

»DA ICH NIEMALS AUF
SÜSSES VERZICHTEN WÜRDE,
VERSUCHE ICH GERADE BEI
NACHSPEISEN GESÜNDERE
ALTERNATIVEN ZU FINDEN.
SO KANN ICH IMMER
OHNE SCHLECHTES
GEWISSEN NASCHEN.«

APFEL-PEKANNUSS-CRISP MIT BANANENEIS

Jedes Mal, wenn dieses leckere Rezept auf dem Tisch steht, werden bei mir Heimatgefühle wach. Es ist eine moderne, gesunde Version eines Apfelkuchens und wird in der Heiß-Kalt-Kombination mit dem Bananeneis zu richtigem Soulfood.

30 Min. Zubereitung, 2 Std. Tiefkühlen, 45 Min. Backen · Pro Portion ca. 730 kcal, 10 g E, 58 g F, 43 g KH
Vegan · Glutenfrei

FÜR 4 PERSONEN

Für das Bananeneis

- 3 Bananen
- 125 ml Mandeldrink (selbst gemacht, siehe S. 24)
- 1 TL Vanilleextrakt

Für die Äpfel

- 6 Äpfel
- 1 TL Zimtpulver
- ¼ TL frisch geriebene Muskatnuss
- ¼ TL gemahlener Kardamom
- ¼ TL Nelkenpulver
- 1 TL Kokosblütenzucker

Für den Crisp

- 6 EL Kokosöl
- 125 g Pekannusskerne
- 80 g gemahlene Mandeln
- 50 g Kokosraspel
- 2 EL Ahornsirup
- 1 TL Vanilleextrakt
- 2 TL Zimtpulver
- Himalaya-Salz (ersatzweise Salz)

Außerdem

- Ahornsirup zum Beträufeln

Für das Bananeneis die Bananen schälen und in 1 ½ cm breite Scheiben schneiden. Die Scheiben nebeneinander auf einem Tablett verteilen und in ca. 2 Std. im Tiefkühlfach gefrieren lassen.

Den Backofen auf 180° vorheizen. Äpfel waschen, schälen, vom Kerngehäuse befreien und in Spalten schneiden, dann in eine Schüssel geben. Zimt, Muskat, Kardamom, Nelken und Zucker zugeben und alles vorsichtig mit den Händen vermengen. Die Apfelmischung gleichmäßig in einer Auflaufform verteilen.

Für den Crisp das Kokosöl in einem kleinen Topf zerlassen. Pekannüsse, Mandeln, Kokosraspel, Kokosöl, Ahornsirup, Vanilleextrakt, Zimt und 1 Prise Salz in einen Mixer geben. Den Mixer auf niedriger Stufe mehrmals pulsieren, bis eine krümelige Konsistenz entsteht.

Den Pekannuss-Crisp über die Äpfel streuen und die Form 40–45 Min. in den heißen Ofen (Mitte) geben, bis der Crisp goldbraun und knusprig ist. Anschließend 15 Min. abkühlen lassen.

Inzwischen die Bananenscheiben aus dem Gefrierfach nehmen und in einen Mixer geben. Mandeldrink und Vanilleextrakt zugeben und alles auf niedriger Stufe pürieren, bis das Eis glatt und cremig ist.

Den warmen Apfel-Pekannuss-Crisp mit dem Bananeneis auf Dessertschalen verteilen, mit Ahornsirup beträufeln und sofort servieren.

AVOCADO-MINZ-NICECREAM

Dieses genauso einfache wie geniale *Dessert* kann man mit vielen verschiedenen Zutaten zubereiten, sodass für jeden Geschmack etwas dabei ist. Statt es in Kugeln zu servieren, kannst du die Nicecream auch gut in Eis-am-Stiel-Förmchen einfrieren. Hier und auf den folgenden Seiten findest du meine Top-3-Combos, die ich sehr gerne mit dir teile.

10 Min. Zubereitung, 2 Std. Tiefkühlen · Pro Portion ca. 560 kcal, 5 g E, 50 g F, 24 g KH
Vegan · Glutenfrei

FÜR 4 PERSONEN

Für die Nicecream

- 2 Avocados
- 50 g Blattspinat
- 1 Dose cremige Kokosmilch (400 g)
- 80 g Ahornsirup
- 1 TL Vanilleextrakt
- 1 TL Minzeextrakt (ersatzweise 1 Handvoll frische Minzblätter)
- 60 g Chocolate Chunks (ersatzweise gehackte Schokolade)

Für das Topping (nach Wahl)

- Kokosraspel
- Kakao-Nibs (roh, ersatzweise Chocolate Chunks)
- Mandel- oder Erdnussmus (selbst gemacht, siehe S. 28)
- TK-Beeren
- Cream of Coconut
- Chia-Samen
- Hanfsamen

Für die Nicecream die Avocados halbieren, den Kern entfernen, das Fruchtfleisch aus den Schalen lösen und in einen Mixer geben. Spinat verlesen, waschen und trocken schütteln und zugeben.

Kokosmilch, Ahornsirup, Vanilleextrakt und Minzeextrakt ebenfalls in den Mixer geben. Alle Zutaten auf niedriger Stufe pürieren, bis eine glatte und cremige Konsistenz erreicht ist.

Die Creme in einen gefrierfesten, verschließbaren Behälter geben und die Chocolate Chunks untermischen. Dann die Nicecream für mindestens 2 Std. im Tiefkühlfach gefrieren lassen.

Die Nicecream anschließend mit einem Eisportionierer auf Dessertschalen verteilen und mit einem oder mehreren Toppings nach Wahl servieren.

Tipp:

Wer es noch gesünder haben möchte, kann wunderbar Superfoods wie Lucuma-Pulver, Chlorella-Pulver, Spirulina-Pulver, Camu-Camu-Pulver, Açai-Pulver oder Goji-Beeren-Pulver zufügen, ohne dass es jemand bemerkt!

SCHOKOLADEN-NICECREAM

10 Min. Zubereitung, 2 Std. Tiefkühlen · Pro Portion ca. 155 kcal, 4 g E, 4 g F, 26 g KH
Glutenfrei

FÜR 4 PERSONEN

Für die Nicecream

4 Bananen
165 g TK-Mangowürfel
125 ml Mandeldrink (selbst gemacht, siehe S. 24)
4 EL Kakaopulver (roh)

Für das Topping (nach Wahl)

Kokosraspel
Kakao-Nibs (roh)
Mandel- oder Erdnussmus (selbst gemacht, siehe S. 28)
Cream of Coconut
geschmolzene Schokolade

Für die Nicecream die Bananen schälen und in 1½ cm breite Scheiben schneiden. Die Scheiben nebneinander auf einem Tablett verteilen und in ca. 2 Std. im Tiefkühlfach gefrieren lassen.

Anschließend gefrorene Bananenscheiben, TK-Mangowürfel und Mandeldrink in einen Mixer geben. Alles auf niedriger Stufe glatt und cremig pürieren. Dann das Kakaopulver zufügen und die Nicecream auf niedriger Stufe erneut kurz durchmixen, bis eine homogene Creme entstanden ist.

Die Nicecream anschließend mit einem Eisportionierer auf Dessertschalen oder in Gläser verteilen und mit einem oder mehreren Toppings nach Wahl servieren.

HIMBEER-NICECREAM

10 Min. Zubereitung, 2 Std. Tiefkühlen · Pro Portion ca. 170 kcal, 2 g E, 2 g F, 37 g KH
Glutenfrei

FÜR 4 PERSONEN

Für die Nicecream
- 4 Bananen
- 250 g TK-Himbeeren
- 125 ml Mandeldrink (selbst gemacht, siehe S. 24)
- 80 g Ahornsirup
- 50 g Rote Bete

Für das Topping (nach Wahl)
- Kakao-Nibs (roh)
- geschmolzene Schokolade
- frische Beeren
- Hanfsamen

Für die Nicecream die Bananen schälen und in 1 ½ cm breite Scheiben schneiden. Die Scheiben nebeneinander auf einem Tablett verteilen und in ca. 2 Std. im Tiefkühlfach gefrieren lassen.

Gefrorene Bananen, TK-Himbeeren, Mandeldrink und Ahornsirup in einen Mixer geben. Rote Bete schälen, in kleine Würfel schneiden und zugeben. Alle Zutaten auf niedriger Stufe mixen, bis eine glatte, cremige Konsistenz erreicht ist.

Die Nicecream anschließend mit einem Eisportionierer auf Dessertschalen oder Gläser verteilen und mit einem oder mehreren Toppings nach Wahl servieren.

Tipp:

Je nach Lust und Laune kannst du die Himbeeren auch durch TK-Erdbeeren, TK-Heidelbeeren oder TK-Brombeeren ersetzen.

Our
Schedle

WOCHENPLAN

Meinen persönlichen Familien-Speiseplan baue ich so auf, dass ich bei jedem Gericht Zutaten verwende, die ich als Basics immer im Haus habe (siehe S. 18). Bei meinem wöchentlichen Besuch im Supermarkt landen vor allem frische Lebensmittel wie Gemüse, Obst, Fleisch oder Fisch im Einkaufswagen. Falls du neugierig bist … So könnte mein Wochenplan aussehen:

	MONTAG	DIENSTAG	MITTWOCH	DONNERSTAG	FREITAG	SAMSTAG	SONNTAG
FRÜHSTÜCK	Quinoa-Granola mit Kokosjoghurt	Overnight Oats mit Heidelbeerkompott	Marokkanische Shakshuka	Kürbiskernbrot mit Himbeermarmelade	Bananen-Buchweizen-Pancakes	French Toast	Hulk's Superhero-Spinatwaffeln
SNACK	Kakao-Smoothie	Go Green Smoothie	Gemüse-Ei-Muffins	Beauty Mixed Berry Smoothie	Avocado-Toast mit Spiegelei	Dattel-Trüffel	Apfel-Donuts
MITTAGESSEN	Auberginen-Lasagne al Forno	Chicken Yuca Taco	Panko-Fischstäbchen mit Chopped Salad	Tom Kha Gai	Nudeln mit einfacher Tomatensauce	Minestrone	Dinkel-Chicken-Nuggets mit Süßkartoffelpüree
SNACK	Hummus mit Möhrensticks	Guacamole mit Selleriestangen	Haferflocken-Schokoladen-Cookies	Chocolate Chip Banana Bread	Apfel-Möhren-Zucchini-Muffins	Spinat-Falafel	Erdbeer-Bananen-Milchshake
ABENDESSEN	Asiatischer Lachs mit Rosenkohl	Tortilla Española mit Caesar Salad	No Cheese Mac & Cheese	Blumenkohl »Fried Rice«	Indischer Lentil Dal	Blumenkohl-Zucchini-Pizza	Kubanischer Cheeseburger mit bunten Pommes
DESSERT	Apfel-Pekannuss-Crisp mit Bananeneis	Avocado-Schoko-Mousse	Lemon-Curd-Tartelettes	Möhrenkuchen	Chia-Pudding	Omis einzigartiger Käsekuchen	Süßkartoffel-Brownies

LAST BUT NOT LEAST

Falls deine Kinder bislang noch keine großen Fans von frischem Obst und Gemüse sind und statt zu einer gesunden, selbst gekochten Mahlzeit lieber zu Tiefkühlpizza, Chips oder Schokolade greifen, kommen hier abschließend ein paar Worte der Aufmunterung.

Ich weiß, dass es oft nicht leicht ist, es seinen Kindern beim Thema Essen recht zu machen. Dem einen schmeckt dies nicht, dem anderen jenes nicht, und das, obwohl man stundenlang in der Küche gestanden und nur das Beste im Sinn gehabt hat. Versuche dir die vermeintliche Abneigung deiner Kinder gegen deine Kochkünste nicht zu Herzen zu nehmen, auch wenn es schwerfällt. Doch es ist nichts Persönliches und ein häufiges Phänomen. Viele Kinder durchlaufen solche Phasen, und das oft mehrmals. Ich selbst war auch schon am Rande der Verzweiflung, als es mal eine Zeit gab, in der niemand meine Kürbissuppe essen mochte. Aber ich habe nicht aufgegeben und das Rezept immer und immer wieder auf den Tisch gebracht und mittlerweile ist die Suppe eins unserer liebsten Familienessen.

Vor allem bei mehreren Kindern ist es eine riesige Herausforderung, die Essenswünsche und Bedürfnisse jedes einzelnen zu erfüllen. Lass dich dabei nicht entmutigen. Versuche herauszufinden, was deine Kinder mögen, und gleichzeitig dafür zu sorgen, dass sie das mögen, was sie und ihr Körper auch tatsächlich brauchen. Wenn du sie davon überzeugt hast, ganz selbstverständlich zu Gemüse statt zu Süßigkeiten und zu Wasser statt zu Cola oder Limonade zu greifen, hast du gewonnen! Der Weg dahin kann hart und steinig sein, aber es lohnt sich, ihn zu gehen. Denn niemand braucht einen Minivan voller zucker- und Fast-Food-abhängiger Minderjähriger, die irgendwann zwangsläufig an einer der vielen ernährungsbedingten Krankheiten wie Adipositas oder Diabetes leiden.

Was hilft, einen Richtungswechsel in der Ernährung seiner Kinder einzuschlagen, ist der Zusammenhalt und der Austausch mit Gleichgesinnten. Teile deine Erfahrungen mit anderen Müttern, such ihre Unterstützung. Gib weiter, was dir geholfen hat, das Essverhalten deiner Kinder zu verbessern, und nimm selbst auch Ratschläge und Tipps an. Teilt Rezepte, die euren Kindern geschmeckt haben, erzählt euch von euren Sorgen. Das Wichtigste ist, redet miteinander – das Mom-Kollektiv ist viel günstiger als ein Psychiater. Bitte auch deine eigene Mutter oder deine Großmutter um Hilfe. Sie hatten gewiss ähnliche Sorgen wie du. Und hole dir am besten von Anfang an Beistand, wenn du nicht weiterkommst. Denn es erspart dir wirklich viel Kraft und Zeit, wenn du deinen Kindern von Geburt an die richtigen Gewohnheiten beibringst.

Sei deinen Kindern außerdem jederzeit ein Vorbild und kümmere dich gut um dich selbst! Wenn du dich gesund und ausgewogen ernährst und für genügend Bewegung und Fitness in deinem Alltag sorgst, wirst du bald merken, dass du dich wesentlich besser fühlst. So kannst du deinen Kindern glaubhaft vorleben, wie positiv sich ein gesunder Lebensstil auf unser Wohlbefinden auswirkt. Also praktiziere selbst, was du predigst. Dann werden dir deine Kinder irgendwann von ganz allein folgen.

Es ist außerdem von Vorteil, sich mit den Grundlagen des Kochens und einer gesunden Ernährung auseinanderzusetzen. Dafür musst du keinen Kochkurs belegen. Auch hier ist es immer eine gute Idee, von anderen Mamas zu lernen. Ich selbst habe auch keine kulinarische Ausbildung. Aber ich habe schon früh meiner eigenen Mutter und Großmutter über die Schultern bzw. in die Töpfe geschaut und wurde in sämtliche Prozesse in der Küche mit eingebunden. Dafür bin ich ihnen mehr als dankbar.

Egal ob du Hausfrau bist oder einen Vollzeitjob hast – mach das Kochen zu deiner Leidenschaft und entdecke, wie viel Spaß es machen kann, aus frischen Zutaten eine leckere, gesunde Mahlzeit zu zaubern, die allen schmeckt. Das muss nicht mühsam oder langwierig sein. Dreh einfach deine Lieblingsmusik auf (auch hilfreich, um deine Kinder beim Schreien zu übertönen), besorge dir eine hübsche Schürze, zünde eine Bio-Kerze mit deinen ätherischen Lieblingsölen an (übrigens zu haben unter www.allaboutamomof5.com) und leg einfach los. Im Laufe der Zeit wird dir das Kochen immer leichter von der Hand gehen. Du wirst dir von Mal zu Mal neue Tricks aneignen und Rezepten deine ganz eigene persönliche Note verleihen. Es geht beim Kochen nicht darum, jedem vorgegebenen Schritt exakt zu folgen – probiere dich aus, ersetze Zutaten, die du gerade nicht im Vorratsschrank hast oder die deine Familie nicht so gerne mag. Sieh meine Rezepte in diesem Buch als Richtschnur, aber passe sie gerne deinem eigenen Geschmack an. Gehe das Ganze spielerisch an, ohne jeglichen Druck. Dann wirst du schnell sehen, wie viel Freude das Kochen und gemeinsame Essen dir und deiner ganzen Familie machen können.

Hier kommen noch mal zusammengefasst meine wichtigsten Wegweiser, die dir helfen und dich ermutigen sollen, dich für eine gesunde Familienküche einzusetzen und dabei nicht aufzugeben:

- Lass dich niemals unter Druck setzen. Perfekt gibt es nicht!
- Sei konsequent und achte darauf, dass deine Kinder einen regelmäßigen Tagesablauf haben.
- Du legst mit einer ausgewogenen Ernährung und guten Lebensmitteln den Grundstein für ein gesundes, glückliches Leben und kannst so vielen Krankheiten vorbeugen.
- Achte von Anfang an darauf, was deine Kinder konsumieren, und biete ihnen von klein auf Obst und Gemüse an.
- Verbanne alle zuckerhaltigen Getränke aus deinem Haushalt.
- Informiere dich über alle Themen, die mit gesunder Ernährung und Kochen zu tun haben. Wissen ist Macht!
- Denk immer daran, deinen Kindern ein gutes Vorbild zu sein.
- Versuche dabei, gelassen zu bleiben und niemals Zwang beim Essen auszuüben.

Doch das Allerwichtigste zum Schluss: Just add Love – mit Liebe gekocht schmeckt es dir und deiner Familie garantiert am besten!

REGISTER

family

IMPRESSUM

Projektleitung: Linh Nguyen
Lektorat: Christin Geweke
Korrektorat: Andrea Lazarovici
Gesamtgestaltung: Karen Villalba
Herstellung: Martina Koralewska
Satz: Christopher Hammond
Reproduktion: Longo AG, Bozen
Druck: Firmengruppe APPL, aprinta druck, Wemding
Bindung: Conzella, Pfarrkirchen
Printed in Germany
1. Auflage 2020

ISBN 978-3-8338-7100-9

DIE AUTORIN

Alessandra Meyer-Wölden ist bekanntes Model, Mutter von 5 Kindern (darunter 2 Zwillingspärchen) und leidenschaftliche Köchin. Daher ist ihr eine gesunde und ausgewogene Ernährung für ihre Kinder besonders wichtig. Durch jahrelange Erfahrung hat sie zahlreiche wertvolle und superleckere Rezepte für die ganze Familie entwickelt.

DIE REZEPTFOTOGRAFIN

Verena Frei begeistert mit ihren Fotos nicht nur die Fan-Gemeinde ihres Blogs www.frei-style.com, sondern als Foodfotografin und -stylistin sowie als Rezeptentwicklerin zahlreiche Kunden im In- und Ausland. Die 39-jährige Mutter von Zwillingsmädchen beweist: Nachhaltigkeit und Style passen wunderbar zusammen!

DIE PEOPLE-FOTOGRAFIN

Die ukrainischstämmige Fotografin **Dina Zhulii** lebt in Miami und fotografiert Lifestyle, Porträts und Mode für zahlreiche Mode-Zeitschriften in den USA und in Europa. Ihrer Arbeit gelingt es stets, die Energie und Konzepte der Marken ihrer Kunden zur Geltung zu bringen. Die einzigartige Schönheit jeder einzelnen Person oder jeder Idee aufzuzeigen ist ihre Philosophie. Für „Just add love" hat sie mit Unterstützung von **Tatiana Bugera** (Stylist) und **Javier Martinez** (Haare & Make-up) die schönsten Momente von **Alessandra Meyer-Wölden** eingefangen.

BILDNACHWEIS

Dina Zhulii: Cover und alle Peoplefotos
Verena Frei: alle Rezeptfotos
Illustrationen: shutterstock, vecteezy.com, freepik.com.
Alle anderen Illustrationen wurden von Alessandra Meyer-Wöldens Kindern gemalt.

Syndication: www.seasons.agency

BACKOFENHINWEIS

Die Backzeiten können je nach Herd variieren. Die Temperaturangaben in unseren Rezepten beziehen sich auf das Backen im Elektroherd mit Ober- und Unterhitze und können bei Gasherden oder Backen mit Umluft abweichen. Details entnehmen Sie bitte Ihrer Gebrauchsanweisung.

QUALITÄTS G|U GARANTIE

LIEBE LESERINNEN UND LESER,
wir wollen Ihnen mit diesem Buch Informationen und Anregungen geben, um Ihnen das Leben zu erleichtern oder Sie zu inspirieren, Neues auszuprobieren. Wir achten bei der Erstellung unserer Bücher auf Aktualität und stellen höchste Ansprüche an Inhalt und Gestaltung. Alle Anleitungen und Rezepte werden von unseren Autoren, jeweils Experten auf ihren Gebieten, gewissenhaft erstellt und von unseren Redakteuren/innen mit größter Sorgfalt ausgewählt und geprüft.

Haben wir Ihre Erwartungen erfüllt? Sind Sie mit diesem Buch und seinen Inhalten zufrieden? Haben Sie weitere Fragen zu diesem Thema? Wir freuen uns auf Ihre Rückmeldung, auf Lob, Kritik und Anregungen, damit wir für Sie immer besser werden können. Und wir freuen uns, wenn Sie diesen Titel weiterempfehlen, in Ihrem Freundeskreis oder bei Ihrem online-Kauf.

Sollten wir Ihre Erwartungen so gar nicht erfüllt haben, tauschen wir Ihnen Ihr Buch jederzeit gegen ein gleichwertiges zum gleichen oder ähnlichen Thema um.

KONTAKT
GRÄFE UND UNZER VERLAG
Leserservice
Postfach 86 03 13
81630 München
E-Mail: leserservice@graefe-und-unzer.de

Telefon: 00800 / 72 37 33 33*
Telefax: 00800 / 50 12 05 44*
Mo–Do: 9.00–17.00 Uhr
Fr: 9.00–16.00 Uhr
(*gebührenfrei in D,A,CH)

PEFC PEFC/04-32-0928

UMWELTHINWEIS:

Dieses Buch ist auf PEFC-zertifiziertem Papier aus nachhaltiger Waldwirtschaft gedruckt.

GRÄFE UND UNZER

Ein Unternehmen der
GANSKE VERLAGSGRUPPE

www.facebook.com/gu.verlag

Danksagung

To MY KIDS, *thank you for being part of Mami's book and contributing your incredible art work to it. I appreciate all the effort you put into every doodle … I love every single one of them. I am sooooo proud of you all!*

To M, *my rock, my best friend, my soulmate, my partner in life, simply my EVERYTHING! Thank you for always supporting me and, no matter what, helping me to bring this project to life, every step of the way. Thank you for being sooo patient, for trying all my food and enjoying it, for inspiring me to make new recipes and constantly improve as a person and as our "family chef"! But most of all, I am thankful that you share your passion for food with me. There is no one in the world, my love, that I enjoy sharing my creations with more than you! I love you.*

To NATASSIA AKIL, *my little sister, your incredible knowledge and passion for living a healthy, clean and responsible life are a true inspiration! Thank you for sharing it all with me and being so committed to this project. It would not have been possible without you! You are an incredible role model.*

Meine liebste CAROLINE VON CRAMM, *ohne dich wäre dieses Buch nicht möglich gewesen. Ich möchte mich von ganzem Herzen bei dir für deinen unglaublichen Einsatz, für deine Leidenschaft für dieses Projekt, dein Herzblut, das du über Monate in dieses Buch gesteckt hast, bedanken. Es ist schwer, die richtigen Worte für dich zu finden, aber eins ist sicher, »Just Add Love« ist genauso dein Werk wie meins! Unser Baby … Danke, dass du eine Vision mit mir geteilt hast und mir geholfen hast, diese umzusetzen. Ich bin dir hierfür ewig dankbar und es hat riesengroßen Spaß gemacht, mit dir zu arbeiten.*

To JILIAN SANZ, *my girl, thank you for being a part of this project that is so close to my heart! Your wit, sense of humor and style were the missing pieces in this book! Thank you so much for being a part of it.*

To KAREN VILLALBA, *your sense of design, style and visions are one of a kind! You are more than talented and it has been an honor having you be a part of this journey, literally from beginning to end! Thank you for bringing this book to life!*

To DINA ZHULII, *you are one of the hardest working and talented people I know. You have managed to capture me in ways no one before ever did. Thank you for all your efforts and for shooting pictures and the cover I always dreamed of! I am so proud of your work!*

Liebe HANNE MARIE SCHRÖDER, *ich bin so unendlich dankbar, dass du dieses Projekt angenommen hast. Es hat großen Spaß gemacht und wäre so, ohne dich, definitiv nicht möglich gewesen. Ich hoffe auf viele weitere gemeinsame Projekte mit dir und dem Verlag.*

Liebe VERENA FREI, *danke, dass du dieses Projekt angenommen und es so spontan und unkompliziert umgesetzt hast. Danke für die tollen Foodbilder und dafür, dass du die Rezepte so toll umgesetzt hast.*

Last but not least I want to thank my mom ANTONELLA, *for always being my role model in life and especially in the kitchen. You are the reason all this started, because growing up, all I ever wanted to be, was like you! TVB*